팬데믹
패닉

코로나19는 세계를 어떻게 뒤흔들었는가

팬데믹 패닉

슬라보예 지젝 지음 | 강우성 옮김

북하우스

마이클 소킨에게

그가 이 세상에 없다는 걸 알지만,
나는 믿지 않으련다.

---

* Michael Sorkin (1948~2020). 미국의 건축가, 도시 비평가, 디자이너, 교육자. 신종 코로나바이러스(COVID-19)에 감염되어 2020년 3월 세상을 떠났다.

일러두기

1. 이 책은 Slavoj Žižek, *Pandemic! COVID-19 Shakes the World* (New York: OR Books, 2020)를 저본으로 삼았다.
2. 본문 중 대괄호([ ])는 옮긴이가 부연한 것이다.
3. 성경 구절은 『성경전서 개역한글판』을 따랐다.
4. 각주는 대부분 옮긴이 주로, 원주일 경우 문장 앞에 [원주]로 표기했다.
5. 단행본 제목은 겹낫표(『 』), 단편소설·기사 제목은 홑낫표(「 」), 신문·잡지·영화·드라마 등의 제목은 홑화살(〈 〉)로 표기했다.
6. 외국 인명 표기시에는 가급적 국립국어원 외래어 표기법을 따르되, 일반적으로 널리 통용되는 경우에는 관례를 따랐다. (예: 슬라보이 지제크 → 슬라보예 지젝)

차례

내가 알기로 한국 사람들은 영화를 좋아하는데, 우리가 지금 처해 있는 상황에 딱 들어맞는 영화가 있을까? 마침내 찾아냈다. 폴 프랭클린이 만든 2017년작 〈탈출〉*로, 로버트 셰클리가 1958년에 발표한 유명한 단편 과학소설 「세상을 파는 가게」**를 바탕으로 한 것이다. 이 영화는 단 16분에 불과하지만 아주 공들여 만들어졌고, 널리 알려진 배우들—줄리언 샌즈, 올리비아 윌리엄스—이 핵심 배역으로 등장한다.

셰클리의 단편소설은 우리가 살고 있는 어느 대도시 근처 빈곤한 교외 지역 같은 곳에서 시작한다. "웨인 씨는 회색 돌무더기가

* [원주] The Escape. 다음의 인터넷 주소로 들어가면 볼 수 있다. 〈https://vimeo.com/223579794〉

** [원주] Store of the Worlds. 다음의 인터넷 주소로 들어가면 읽어볼 수 있다. 〈https://www.vice.com/en_us/article/a3ydpz/the-store-of-the-worlds〉

어깨 높이로 쌓여 있는 긴 언덕 끝자락에 이르렀다. 거기에 세상을 파는 가게가 있었다. 가게는 친구들이 설명해준 것과 똑같았다. 통나무 조각들, 자동차 부품들, 아연으로 도금한 합판 조각, 허물어져가는 벽돌들을 몇 줄 쌓아올려 만든 조그만 판잣집이었다." 가게 주인인 괴팍한 노인은 웨인에게 자기가 무엇을 파는지 일러준다. 손님이 와서 자신이 가진 모든 세속 재산을 내놓으면 정해진 시간 동안 자기의 가장 내밀한 소망대로 살아갈 수 있는 대안 현실로 이동시켜준다는 것이다. 웨인이 그 제안을 받아들일지 말지 결정을 내리지 못하자 가게 주인은 그에게 천천히 생각해보라고 권한다. 집으로 돌아오는 내내 웨인은 고민을 거듭하고, 나중에 자신의 일상생활—아내와 아들이 관련된 사소한 문제들, 직장에서 정신없이 벌어지는 사건들—에 몰두할 때도 그 상점에 다시 가서 선택을 해야 한다는 생각이 늘 마음 뒤편에 자리 잡고 있다. 그렇게 시간이 흘러가고… 마침내 그는 자기를 살며시 깨워서, 겪어보니 흡족했는지 묻는 가게 주인의 목소리를 듣게 된다. 웨인은 탁자 위에 세속의 소유품들—군화 한 켤레, 칼 하나, 구리 코일 두 개, 작은 콘비프 통조림 세 통—을 올려놓고 가게를 나와 회색 돌무더기가 이어진 길 끝까지 서둘러 내려간다. "저 너머로, 눈길이 닿는 저 멀리까지 갈색 회색 검은색 돌무더기밭이 펼쳐져 있다. 지평선까지 사방으로 뻗어 있는 그 벌판은 도시에서 온 뒤틀린 시체들,

여기저기 흩어진 그루터기들, 그리고 한때 사람의 살과 뼈였던 곱고 하얀 재로 덮여 있었다."

단편영화는 약간의 사소한 변화를 주면서 원작의 이야기를 따라가지만, 원래의 반전은 유지한다. 집으로 돌아와 평범한 일상으로 돌아가는 (어떤 선택을 내려야 하는가 하는 생각에 사로잡힌) 여정은 이미 그 자체로 웨인이 품은 욕망의 실현이었으며, 그가 처한 현실은 모든 것을 잃어버린 대재앙 이후의 비참한 세계다. 우리는 코로나바이러스 감염병이 유행하는 오늘날의 상황에 맞게 각색된 이야기를 쉽게 상상해볼 수 있다. 웨인이 가게, 즉 누구나 마스크를 써야 하는 극도로 청결한 실험실에 들어서서 제안을 듣고 집으로 돌아와 팬데믹 이전의 평범한 삶으로 복귀한다. 그런 다음 잠에서 깨어나 가게를 나선다. 그리고 우리는 길들이 텅 비어 있으며 길에서 마주친 얼마 안 되는 사람들은 죄다 마스크나 다른 보호 장구를 쓰고 있다는 사실을 알게 된다.

상황이 이 정도로 침울하지는 않지만, 지금 우리도 비슷한 곤경에 처해 있다. 우리가 사는 세상은 망가졌고, 우리는 어떤 특별한 천국(이나 지옥)을 바라는 것이 아니라 봉쇄와 마스크와 항시적 감염의 공포가 없는 평범한 사회생활로 돌아가길 꿈꾸고 있다. 상황은 너무나 엉망이고, 너무나 많은 예측 불가의 변수들이 있다. 우리가 한 극단에서 다른 극단으로 우왕좌왕하는 것은 놀랄 일이 아니다. 한두 주일 전까지만 해도 유럽인은 자가격리라는 규율을 강박적으로 지켰는데, 그 뒤로는 많은 사람들의 태도에 무언가 변화가 일어나 위협을 덜 심각하게 받아들이게 되어, 통계 수치가 조금도 나아지지 않았는데도 마스크를 쓰지 않고 돌아다닌다. (어쩌면 이러한 빗장 풀기의 밑바탕에는 자포자기식 도박이 있지 싶다. 2차 감염 파동이 훨씬 더 심각할 것이라니 할 수 있을 때 조금이라도 삶을 즐겨두자는 심리 말이다.) 확실한 것은 팬데믹이 우리 정신 균형에 초래할 결과들이 어마어마하리라는 사실이다. "미국 비영리 공중보건 단체 '웰빙트러스트'가 수행한 분석에 따르면, 무려 7만 5000명의 미국인들이 코로나바이러스 감염병으로 인해 약물이나 알코올 남용과 자살 시도로 목숨을 잃을 수 있다"고 한다.*

평상시와 같은 장례 절차들이 불가능한 지금, 우리는 우리가 알거나 모르는 고인들을 제대로 추모하는 일이 얼마나 힘든지를 자주 글로 접하게 된다. 그런데 우리의 사회적 공간에는 또 하나의, 더 기본적인 추모가 널리 퍼지고 있지 않는가? 우리가 지금 정말로 슬퍼하고 있는 일은 우리의 생활양식 전체의 갑작스러운 종말이다. 좀 더 정확하게 말하면, 우리는 이 상실을 애도할 준비조차 되어 있지 않다. 문 닫힌 가게와 식당, 영화관과 극장 같은 옛날의

* [원주] Mallory Simon, "75,000 Americans at risk of dying from overdose or suicide due to coronavirus despair, group warns", 〈https://edition.cnn.com〉, 2020년 5월 8일.

외부 현실이 여기 그대로 남아 있는데도 그저 그 현실을 제대로 누릴 수 없다는 이유로 우리는 멜랑콜리에 빠져 있다.

지금 우리가 안고 있는 과제는 우리의 욕망을 새롭게 발명하는 일이다. 우리는 욕망의 좌표들을 조직하지 못하고 있다. 이야기 속 웨인처럼 우리는 욕망 자체, 즉 터놓고 욕망할 수 있는 상황이 다시 오길 욕망한다. 이 난리법석 가운데 세상을 파는 가게의 문은 이미 열려 있다. 우리 모두는 무언가를 해야 하며 새로운 세상을 재발명해야 한다는 것을 알고 있기 때문이다. 트럼프는 하나의 세상을 선전하고 있다. 그는 우리가 떼죽음을 감수할 준비만 되어 있다면, 옛날과 똑같은 경제적 번영의 세상이 올 것이라고 말한다. 중국은 국가가 개인을 철저하게 통제하는 또 다른 세상을 팔고 있다… 그러나 우리는 가게들을 기웃거리는 대신 힘을 내 현실로 눈을 돌려야 한다. 게오르기 마리노프*는 우리의 가까운 미래의 모습을 어둡지만 설득력 있게 그려낸다.

사회질서의 붕괴를 막으려면, 국민기본소득 지급, 집세와 주택 융자금과 부채 등의 상환 중단, 보건의료제도와 다수의 다른 핵심 산업들 중 민영화된 부문들의 국유화, 식량의 생산과 배급에 대한

---

* 불가리아 출신 유전학자.

중앙집중식 정부 통제 같은 조치들이 필요하다.*

이 목록은 더 보태질 수 있다. 예컨대 필수 부문—농업, 에너지, 수도 등—종사자들의 정상적 작업 보장을 위해 그들이 최대한으로 격리될 수 있는 조치가 필요하다. 지금 당장은 식량 위기가 닥치지 않았지만, 바이러스가 농촌 지역까지 퍼져서 곡물을 심고 기르고 거두는 일이 중단된다면, 그런 위기가 닥칠 것이다. 보건의료 정책도 반복적이고 장기적이며 엄격한 격리 사태에 대비해야 한다. 이렇게 얘기하면, 경제가 버티지 못할 것이라는 식의 대답을 듣게 된다. 그런데 좀 더 정확하게 말해보자. 어떤 경제를 말하는가? 그 경제는 지속될 수 없는 항구적 자기 팽창을 요구하는 전 지구적 자본주의 경제, 성장률과 이윤 가능성에 목매는 경제다. "'경제를 손상시키지 말자'는 우리의 직감은 경제를 망가뜨리고 지금 온 사방에 퍼져버린 바이러스를 초래했다. 이 바이러스를 제거하기는 매우 힘들 것이다." 그러니 관점을 통째로 바꾸어야 한다. 자동차 산업, 패션 품목들, 먼 이국에서의 휴가는 잊어버리고, 마음 편히 그 모든 것이 망가지게 내버려두어야 한다. 새로운 세상은 마

* [원주] 게오르기 마리노프, 「코로나바이러스: 과학적 사실 대 경제적 오류」. Georgi Marinov, "Coronavirus: Scientific realities vs. Economic fallacies", 〈www.criticatac.ro〉, 2020년 5월 3일.

르크스의 잘 알려진 슬로건, "누구나 능력에 따라 (일하고) 누구나 필요에 따라 (얻는다)"에 담겨 있는 그런 뜻의 공산주의와 같은 것이 되어야 한다. 우리는 이미 이 지점으로 향해 가는 것이 아닐까? 물론 이것이 마르크스가 상상했던 사회, 즉 모두가 양질의 삶을 누리고 창조적으로 일하는 부유한 사회로 가는 길은 아니다. 우리가 가고 있는 사회는 모두가 보건의료와 기본욕구를 충족할 충분한 음식을 제공받으며, 모두가 각자의 능력에 맞게 (곡물 수확 같은 작업을 위해 동원되는 일을 마다하지 않으며) 사회에 기여할 수 있어야 하는 훨씬 더 온건한 세상이 될 터다. 그러한 수수한 삶은 정신적으로도 감정적으로도 여전히 매우 만족스러울 것이다.

그러니 나의 친애하는 한국 독자들이여, 컴퓨터로 달려가 프랭클린의 〈탈출〉을 내려받으시라. 그리고 이 영화를 계기로 팬데믹이 남긴 (사회와 보건의) 폐허 위에 우리가 어떤 세상을 세워야 할지 궁리하기 시작해보시라.

끝으로, 번역을 맡아준 강우성 선생에게 고마운 마음을 전한다.

류블랴나에서

슬라보예

서문

나를 만지지 마라!

"나를 만지지 마라"는 「요한복음」 20장 17절에 따르면 부활한 예수가 자기를 알아본 막달라 마리아에게 했던 말이라고 한다. 기독교적 무신론자를 자처하는 나는 이 말을 어떻게 이해해야 할까? 우선 이 말을 그리스도의 제자들이 그가 부활해 귀환하리라는 것을 어떻게 알 수 있느냐고 물었을 때 그리스도가 내놓은 대답과 함께 묶어보련다. 그리스도는 당신을 믿는 자들 사이에 사랑이 존재하는 한 거기에 임재하리라고 말한다. 만질 수 있는 인간으로서가 아니라 사람들을 사랑과 연대로 묶는 존재로 임재할 것이다. 그러니 "나를 만지지 마라. 사랑의 정신으로 다른 사람들을 만지고 돌보라."

그런데 코로나바이러스 감염병이 창궐하는 지금, 우리 모두는 다른 사람들과 접촉하지 말고 혼자 격리되어 있으면서 적절한 신체적 거리를 두라는 바로 그 요구에 시달리고 있다. 이러한 요청은 "나를 만지지 마라"는 명령에 비출 때 어떤 의미가 있는가? 손으로는 다른 사람에게 닿을 수 없다. 우리는 오로지 내면을 통해서만 서로에게 접근할 수 있다. 그리고 그 '내면'에 이르는 창은 우리 눈이다. 요즘엔 우리가 누군가 가까운 (혹은 낯선) 사람을 만나서 적절한 거리를 두고 상대방의 눈을 깊이 들여다보면, 한 번의 친밀한 접촉보다 더 많은 것이 드러난다. 젊은 시절에 적은 한 단상에서 헤겔은 이렇게 썼다.

> 우리가 사랑하는 사람은 우리와 대립하지 않고, 우리 자신의 존재와 함께한다. 우리는 오직 그 사람 속에서 우리 자신을 보게 되지만, 한편으로 그 사람은 더 이상 우리가 아니다. 수수께끼고 놀라운 기적이다. 우리가 알 길이 없는.

이 〔엇갈리는〕 두 주장을 상반된 것으로 읽지 않는 일이 중요하다. 마치 우리가 사랑하는 사람이 부분적으로만 '우리', 나 자신의 일부일 뿐이고, 또 부분적으로는 수수께끼라는 식으로 말이다. 사랑의 기적이란 당신이 내가 파악할 수 없는 기적으로 남아 있는 한에서, 또한 나에게뿐만 아니라 당신 자신에게도 수수께끼로 남아 있는 한에서 당신이 나의 나 됨의 일부분이라는 사실이 아닐까?

젊은 시절의 헤겔이 쓴 잘 알려진 구절을 하나 더 가져와보자.

> 인간 존재는 세상 모든 것을 그 단순한 형태로 간직하고 있는 이 밤, 이 텅 빈 무無다. 아무것도 그에게 속하지 않는, 혹은 현존하지 않는 수많은 표상과 이미지의 끝없는 보고寶庫다. 사람들의 눈을 물끄러미 들여다볼 때 우리는 이 밤을 알아챌 수 있다.

코로나바이러스가 우리에게서 이것을 앗아갈 수는 없다. 그러니 육체적 거리두기가 타인들과 맺는 인간적 유대의 간절함을 오히려 튼튼하게 만들 것이라는 희망이 있다. 나와 가까운 많은 사람들을 멀리해야 하는 지금 비로소 나는 그들의 존재, 그들의 소중함을 완전히 체험한다.

이쯤 되니 벌써 냉소적 비웃음이 들리는 듯하다. 그래, 우리가 정신적 친밀감을 느끼는 그런 순간들을 경험할 수도 있겠지. 하지만 이게 계속되는 파국을 해결하는 데 무슨 도움이 되겠어? 우리가 여기서 무언가 깨달을 수 있을까?

우리가 역사로부터 배울 수 있는 유일한 것은 우리가 역사에서 아무것도 배우는 게 없다는 사실이라고 헤겔은 썼다. 그러니 감염병 덕분에 우리가 더 현명해지리라는 주장은 의심스럽다. 한 가지 분명한 점은 바이러스가 우리 삶의 기반들 자체를 흔들어놓을 것이며, 엄청난 양의 고통은 물론 대불황the Great Recession보다 더 극심한 경제적 혼란을 불러일으킬 것이라는 사실이다. 일상으로 다시 돌아갈 길은 없고, 새로운 '일상normal'이 옛 우리 삶의 잔해들로부터 만들어지거나, 이미 조짐이 선명하게 보이는 새로운 야만에 접어들게 될 터다. 이 감염병을 하나의 재수 없는 사건으로 여겨서, 우리의 건강관리 체계를 약간만 조정한 채, 그 결과들을 삭제하고 예전처럼 매끄러운 일 처리 방식으로 돌아가는 것으로는 충분치 않다. 정곡을 찌르는 질문을 던져야 할 것이다. 과학자들이 수년에 걸쳐 경고했음에도 우리를 아무 대비 없이 파국에 빠지게 만든 우리 시스템은 뭐가 잘못된 것일까?

P A N D E M I C

1장

우리는 지금 모두 같은 배에 타고 있다

P A N I C

현재 진행형인 코로나바이러스 감염병을 처음 발견했으나 당국에 검열당했던 의사 리원량李文亮은 우리 시대의 진정한 영웅이었다. 중국의 첼시 매닝*이나 에드워드 스노든**쯤에 해당하며, 따라서 그의 죽음이 대대적 분노를 유발했던 것은 놀랍지 않다. 중국 정부가 감염병에 대처한 방식에 대한 뻔한 반응은 홍콩에 기반을 둔 언론인 베르나 유의 논평에서 가장 잘 드러난다. "중국이 언론의 자유를 숭상했다면 코로나바이러스 위기는 없었을 것이다. 중국 인민에게 표현의 자유와 다른 기본권들이 존중되지 않는다면,

* 미국의 이라크 관련 비밀문서를 위키리크스에 제공한 내부 고발자.
** 미국 국가안보국의 기밀 자료를 폭로한 내부 고발자.

이러한 위기들은 언제고 다시 벌어질 것이다… 중국의 인권 문제는 세계의 다른 지역들과 아무런 상관이 없어 보이는데, 이번 위기에서 보았듯 중국이 자국 인민들의 자유를 억누를 때 재난이 생겨날 수 있다. 국제사회가 이 문제를 좀 더 심각하게 받아들여야 할 때다."*

그렇다. 중국 국가기구의 전체 운영은 마오쩌둥의 옛 구호 "인민을 믿어라"**에 역행한다고 볼 수 있다. 오히려 중국 정부는 인민을 믿어서는 안 된다는 전제 위에서 작동한다. 인민을 사랑하고 보호하고 보살피고 통제해야 하지만… 믿어서는 안 된다. 이 불신은 중국 당국이 생태주의자들의 시위 때 취했던 조치와 노동자들의 건강 문제들을 대했을 때 보여준 것과 똑같은 태도가 단지 정점에 다다른 것일 뿐이다. 중국 당국자들은 전보다 더 공공연하게 하나의 특정 절차에 의존한다. 어떤 인물—생태주의 활동가, 마르크스주의자 학생, 인터폴 소장, 종교 사제, 홍콩의 출판업자, 심지어는 유명한 영화배우까지—이 두어 주일 동안 사라진 다음에 그들

---

* [원주] 베르나 유, 「중국이 언론의 자유를 존중한다면 코로나바이러스 위기는 없을 것」. Verna Yu, "If China valued free speech, there would be no coronavirus crisis", 〈www.theguardian.com〉, 2020년 2월 8일.

** 我們應當相信群衆 我們應當相信党. "We should trust the people and we should trust the Party. These are two cardinal principles. If we doubt these principles, we shall accomplish nothing", *On the Question of Agricultural Co-operation*, 1955년 7월 31일.

에게 제기된 특정한 혐의들과 함께 다시 등장하는데, 이 긴 침묵의 기간은 중요한 메시지를 전해준다. 아무것도 증명되어서는 안 되는 곳에서 권력이 불가해한 방식으로 행사되는 것이다. 이 기본 메시지가 전달된 지 한참이 지난 다음에야 법적 추론이 시작된다. 그런데 증발된 마르크스주의자 학생들의 경우는 좀 특별하다. 모든 실종이 국가에 어떤 식으로든 위협이 될 수 있는 활동을 행한 개인들과 관련된 것이었던 반면, 사라진 마르크스주의자 학생들은 〔당의〕 공식 이데올로기 자체와 부합하는 까닭에 그들의 비판적 활동은 합법적이었던 것이다.

당 지도부가 그렇게 호들갑스럽게 반응을 한 것은 물론 학생과 노동자 간의 직접적이고 수평적인 연대에서 발원한 자기조직화 네트워크라는 유령 때문이었다. 이들이 마르크스주의에 뿌리를 내리고 옛 당 간부 및 군부 일부와 교감을 하고 있기 때문이었다. 그러한 네트워크는 당의 지배 정당성을 대놓고 손상시키며 당의 지배를 기만행위로 간주해 거부한다. 따라서 최근 몇 년 동안 중국 정부가 많은 '마오주의적' 웹사이트를 폐쇄하고 대학 마르크스주의 동아리 활동을 금지한 일은 놀랍지도 않다. 지금 중국에서 가장 불온한 행위는 국가 고유의 공식 이데올로기를 진지하게 믿는 일이다. 중국은 이제 그런 태도를 고수한 대가를 치르는 중이다.

홍콩 최고의 공중보건 감염병학자인 가브리엘 렁에 따르면, 코로나바이러스 감염병이 통제되지 못한다면 전 세계 인구의 3분의 2가 감염될 수 있다고 한다. 그는 "과학자 집단이 이 새로운 집단감염의 불확실성에 대처하고 있는 동안 사람들은 자기 정부에 믿음과 신뢰를 보내야 한다"라고 말했다. "당연한 말이지만 소셜미디어와 가짜뉴스와 진짜뉴스가 모두 뒤섞여서 아무것도 믿을 수 없다면 우리가 어떻게 저 감염병과 싸울 수 있을까? 우리는 여분의 믿음, 여분의 연대감, 여분의 선의가 필요한데, 이 모든 것이 전부 바닥나버렸다."*

죽음을 바로 앞둔 병상에서 의사 리원량은 건강한 사회에는 적어도 하나 이상의 목소리가 존재해야 한다고 말했지만, 다른 목소리들이 들려야 한다는 이 긴급한 호소가 꼭 서구 스타일의 다당제 민주주의를 뜻하지는 않는다. 단지 시민들이 비판적 반응을 나눌 수 있는 개방된 공간을 요구할 뿐이다. 공포를 막기 위해 국가가 소문을 통제해야 한다는 생각을 반박할 수 있는 핵심 주장은 이 통제 자체가 불신을 퍼뜨리며 그로 인해 더 많은 음모론들이 생겨난

---

* [원주] 사라 보즐리, 「코로나바이러스는 세계 인구의 60퍼센트를 감염시킬 수 있다」. Sarah Boseley, "Coronavirus 'could infect 60% of global population if unchecked'", 〈www.theguardian.com〉, 2020년 2월 11일.

다는 사실이다. 오로지 보통 인민과 정부 간의 상호 신뢰만이 이런 사태를 방지할 수 있다.

감염병이 창궐할 때는 방역 같은 대규모 조치들이 군사적 규율에 의거할 수밖에 없기 때문에 강한 국가가 필요하다. 중국은 수천만 인민을 격리할 수 있었다. 비슷한 규모의 감염병 확산이 닥쳤을 때 미국이 유사한 조치들을 강제할 수 있을 성싶지는 않다. 엄청난 수의 자유주의자 무리가 무기를 들고 나와 격리가 국가의 음모라고 의심하면서 방역을 뚫고 나오기 위해 싸우는 광경을 상상하기는 어렵지 않다. 그러니, 더 많은 표현의 자유로 이 집단감염을 막는 일이 가능했을까? 아니면 전 세계를 구하기 위해 중국은 후베이 지방 시민들의 권리를 어쩔 수 없이 희생해야 했나? 어떤 면에서 두 대안은 모두 옳다. 사태 파악을 더욱 힘들게 만드는 일은 '좋은' 표현의 자유와 '나쁜' 소문을 구분할 쉬운 방법이 없다는 사실이다. 비판적 발언자들이 "진실은 항상 중국 당국에 의해 소문으로 취급될 것"이라고 불만을 터뜨릴 때, 공식 언론과 광범위한 디지털 뉴스들은 이미 소문으로 가득하다고 덧붙여야 할 것이다.

이 상황을 신랄하게 보여주는 것은 러시아의 주요 국영 텔레비전 네트워크인 채널 원Channel One의 사례다. 이 채널은 저녁 메인 뉴스 프로그램에서 코로나바이러스 관련 음모론을 집중해서 다루는 정규 코너 〈브레마(시간)〉를 시작했다. 이 코너의 보도 스타일은 애매해서, 음모론들을 발가벗기는 것 같으면서도 거기에 일말의 진실이 포함된 듯한 인상을 시청자들에게 남긴다. 그 핵심 메시지로, 음험한 서방 엘리트들과 특히 미국이 어떤 식으로든 코로나바이러스 감염병에 궁극적 책임이 있다는 견해가 매우 의심스러운 소문이라며 전파된다. 너무 어불성설이라 사실일 수 없지, 그렇지만 혹시 모르는 거 아닐까…?* 희한하게도 실체적 진실의 유보는 그 상징적 효과를 없애지 못한다. 게다가 우리는 대중에게 진실의 전부를 알리지 않는 것이 때때로 더 많은 희생자들을 몰고 올 수 있는 공포의 파도를 실질적으로 막을 수 있다는 점도 인식해야 한다. 이런 차원에서는 문제가 해결될 수 없다. 유일한 해결책은 인민들과 국가기구들 간의 상호 신뢰인데, 중국에서는 완전히 실종된 기제다.

감염병이 전 세계적으로 퍼지고 있기에, 우리는 시장 메커니즘이 혼란과 기아를 막기에는 역부족이라는 것을 깨달아야 한다. 우리 대다수에게 '공산주의적'으로 보이는 조치들이 전 지구적으로 고려될 것이다. 생산과 분배의 조정이 시장의 조절력 바깥에서 진행될 것이다. 우리는 여기서 1840년대에 수백만 명의 사망과 강제이주를 초래하며 아일랜드를 황폐화했던 '아일랜드 감자 기근'을

---

* [원주] 「코로나바이러스: 러시아 언론이 미국의 음모를 암시하다」. "Coronavirus: Russian media hint at US conspiracy", 〈www.bbc.com〉, 2020년 2월 7일.

기억해야 한다. 〔당시 아일랜드를 지배했던〕 영국은 시장 메커니즘을 신뢰했던 나머지 엄청난 사람들이 고통을 받고 있는 와중에도 아일랜드에서 영국으로 식량을 수출시켰다. 우리는 이와 비슷한 잔혹한 조치가 오늘날에는 더 이상 받아들여질 수 없으리라고 희망해야 한다.

우리는 유행 중인 코로나바이러스 감염병을 H. G. 웰스의 소설 『우주 전쟁』의 뒤바뀐 변형으로 읽을 수 있다. 이 소설은 화성인들이 지구를 정복한 다음, 면역체가 없어 지구 병원체들의 습격을 받아 죄다 죽게 되는 것을 주인공-화자 시점에서 발견하게 되는 이야기다. "인류가 만든 모든 도구들이 실패한 뒤에, (그들은) 신이 당신의 지혜로 이 땅에 심어놓았던 가장 미천한 존재들에게 살해당했다." 웰스에 따르면, 이 소설의 플롯은 대영제국이 태즈메이니아인들*에게 끼친 파멸적 영향을 두고 동생 프랭크와 대화를 나누다 비롯되었다고 한다. 만일 대영제국이 태즈메이니아인들에게 했던 짓을 화성인들이 영국인들에게 했다면 어떤 일이 벌어질까? 그는 궁금했다. 그렇지만 태즈메이니아인들에게는 침략자들을 무찌를 치명적 병원체가 없었다.** 어쩌면 인류를 멸종시키려고 위

---

* 지금의 호주 태즈메이니아섬에 거주하던 토착민들.

** [원주] 위키피디아 해당 항목 참조. 〈https://en.wikipedia.org/wiki/The_War_of_the_Worlds〉

협하는 감염병은 웰스의 서사를 뒤집은 것으로 다뤄져야 한다. 지구의 생명체를 무자비하게 착취하고 파괴하는 '화성 침략인'은 바로 우리 자신, 즉 인류다. 고도로 발달한 영장류가 자신들을 우리로부터 방어하기 위해 만든 모든 도구들은 실패했지만, 결국 우리는 이제 "신이 당신의 지혜로 이 땅에 심어놓았던 가장 미천한 존재들"에게 위협받고 있다. 그저 맹목적으로 스스로를 분화하고 변이할 뿐인 그 멍청한 바이러스들에게 말이다.

따라서 우리는 코로나바이러스 감염병을 유행하게 만든 사회적 조건들을 자세하게 분석해야 한다. 오늘날처럼 서로 연결된 세상에서 한 영국인이 싱가포르에서 누군가를 만나고 영국으로 돌아온 뒤 프랑스로 스키를 타러 가서 다른 사람 네 명을 감염시키는 경로를 떠올려보자. 유력한 용의자들이 심문을 받기 위해 줄을 서서 대기하고 있다. 전 지구화, 자본주의 시장, 부유한 자들의 잦은 이동. 그렇지만 우리는 지금 유행하는 감염병이 무언가 더 깊은 의미를 지니고 있을 거라고 생각하려는 유혹에 빠지지 말아야 한다. '이 사태는 지구상의 다른 생명체들을 무자비하게 착취해온 인류에게 내린 잔혹하지만 정당한 처벌이다.' 이러한 감춰진 메시지를 찾는다면, 우리는 우주를 소통 파트너로 간주하는 전근대적 상태에 머무르고 말 것이다. 우리의 생존 자체가 위협받을 때조차도, 우리가 처벌받고 있으며 우주가 (혹은 외계의 누군가가) 우리 일에 여전히 관여하고 있다는 사실은 무언가 위안이 된다. 그럴 때 우리는 무언가 심오한 차원에서 의미 있는 존재가 되기 때문이다. 우리가 정말로 받아들이기 힘든 것은 지금 유행하는 감염병이 자연의 우연성이 가장 순수하게 발현한 결과요, 그냥 생겨났을 뿐만 아니라 아무 숨겨진 의미도 없다는 사실이다. 더 거대한 사물의 질서 한가운데 인간은 특별히 아무런 중요성도 없는 한갓 종에 불과하다.

코로나바이러스 집단감염이 가하는 위협에 대처하는 과정에서 이스라엘 총리 베냐민 네타냐후는 팔레스타인 당국에 긴급 원조를 하며 협조를 구했다. 선의와 인간적 도리 때문이 아니라 거기서 유대인과 팔레스타인인을 분리하는 것이 불가능하다는 단순한 사실 때문이었다. 한 집단이 감염된다면 다른 집단도 불가피하게 고통받게 되기 때문이다. 우리가 정치학으로 번역해야 할 현실이 여기 있다. 지금이야말로 "미국 (또는 다른 누구든) 먼저!"라는 모토를 버려야 할 때다. 마틴 루서 킹 목사가 반세기도 전에 설파했듯 "모두 다른 배를 타고 왔을 수는 있겠지만, 우리는 지금 같은 배에 타고 있다."

P A N D E M I C

2장

우리는 왜 늘 피로한가?

P A N I C

코로나바이러스 감염병으로 인해 우리는 일상에 두루 퍼져 있는 두 상반된 인물 집단과 마주하게 된다. 의료진과 요양보호사들처럼 기운이 다할 때까지 과로하고 있는 사람들, 그리고 자신의 집에 강제적으로든 자발적으로든 격리되어 아무것도 할 수 없는 사람들이다. 후자의 범주에 속하는 나로서는 이 곤경을 밑천 삼아 우리가 피로해지는 서로 다른 방식을 두고 짤막한 성찰을 펼쳐야 할 것 같은 기분이 든다. 나는 여기서 우리를 피로하게 만드는 강요된 비활동 자체의 명백한 역설은 다루지 않을 테지만, 왜 그리고 어떻게 우리가 '피로사회'*에 살고 있는지 체계적으로 언급한 한병철을 거론하면서 시작해보겠다. 같은 제목의 한병철의 대표작 『피로사회』에 대해 짤막하게 소개한 개요를 여기 인용한다. 별 거리낌 없이 감사하는 마음으로 위키피디아에서 가져왔다.

우리는 꾹 버티면서 실패하지 말라는 요구와 효율성이라는 야망에 떠밀려 헌신자인 동시에 희생자가 되었고, 차별, 자기착취, 붕괴로 이어지는 소용돌이에 진입한다. 생산품이 물질적인 것이 아닌 경우 우리는 모두 이미 스스로 생산수단을 소유하고 있다. 신자유주의 시스템은 더 이상 본래 의미에서의 계급 시스템이 아니다. 이 시스템은 서로 적대감을 표출하는 계급들로 이루어져 있지 않다. 이것이 시스템의 안정성을 설명해준다. 한병철은 주체들이 자기착취자self-exploiter가 되었다고 주장한다. "오늘날 모든 사람은 자기 자신의 사업에서 자기착취auto-exploiting하고 있는 노동자다. 사람은 이제 주인과 노예가 한 몸에 들어있는 존재다. 계급투쟁조차 자기 자신에 대항하는 내적 투쟁으로 변해버렸다." 각 개인은 한병철이 "성과주체achievement-subject"라고 부른 존재가 되었다. 각 개인은 본인이 복속되었다는 뜻의 '서브젝트'가 아니라 오히려 [미래 지향의] '프로젝트'라고 믿는

---

* [원주] Byung-Chul Han, *The Burnout Society*, Redwood City: Stanford University Press, 2015. 한병철, 『피로사회』, 김태환 옮김, 문학과지성사, 2012. [이 책의 인용은 번역자가 새로 옮긴 것이다.]

다. 스스로를 늘 재정비하고 재창조해야 한다는 압박은 이제 강박과 강제의 형태를 띠게 되고, 실제로 좀 더 효율적인 유형의 주체화와 예속에 이르게 된다. 스스로를 외부와 이질적 한계들로부터 자유로운 '프로젝트'로 간주함으로써 '나'는 이제 나 자신을 내적 한계와 자기규제에 예속시키는데, 이는 강박에 사로잡힌 성과와 최적화라는 모습을 띠고 나타난다.*

새로운 주체화의 방식을 제공하는 한병철의 명쾌한 진술들로부터 우리는 많은 것을 배울 수 있지만(그가 판별해낸 것은 오늘날의 초자아 형상이다), 그럼에도 나는 두 가지 비판적 논점이 제기되어야 한다고 생각한다. 첫째, 한계들과 제약들이 결단코 내적이지만은 않다. 엄격한 행동 규칙들이 새롭게 강제되고 있으며, 특히 새로운 '지식인' 계급 구성원들 사이에서 극심하다. '정치적 올바름'이라는 제약들만 떠올려봐도 된다. 이는 '자기 자신과의 투쟁', '〔정치적으로〕 올바르지 않은' 유혹들에 맞선 투쟁이라는 특수한 행위를 형성한다. 아니면 완전한 외적 제약을 나타내는 다음과 같은 사례도 있다. 2년 전쯤, 영화감독 우디 알로니는 팔레스타인의

---

* [원주] 위키피디아 한병철 항목 참조. 〈https://en.wikipedia.org/wiki/Byung-Chul_Han〉

단체 '제닌 프리덤 극단'의 뉴욕 방문을 추진했다. 〈뉴욕 타임스〉에 그 방문을 소개하는 기사가 게재되긴 했지만, 거의 실리지 않은 거나 마찬가지였다. 인터뷰 중 가장 최근에 출판한 책이 무엇이냐는 질문을 받은 알로니가 자신이 편집했던 책을 소개했는데, 책 제목에 "이중 국적의bi-national"라는 단어가 있다는 게 문제가 되었다. 이스라엘 정부를 성가시게 할까 봐 두려웠던 〈뉴욕 타임스〉는 이 단어를 삭제하라고 요구했고 그렇지 않으면 기사화되지 않을 거라고 했다.

아니, 좀 더 최근의 또 다른 사례를 들어도 된다. 파키스탄 출신 영국 작가 카밀라 샴지는 소포클레스의 비극 『안티고네』를 현대식 버전으로 근사하게 바꾼 소설 『홈 파이어』를 집필했다. 이 책으로 그녀는 국제적인 문학상을 몇 차례 받았는데, 그중에는 독일 도르트문트시가 수여하는 넬리작스 문학상도 있었다. 그런데 샴지가 BDS* 운동을 지지했다는 사실이 알려지자 이후에 상을 박탈당한다. 재단 측 설명으로는, 수상을 결정했을 당시 "심사위원들은 저자가 2014년부터 이스라엘 정부의 팔레스타인 정책들에 반대하는 운동에 가담해왔다는 사실을 인지하지 못했다"고 한다.** 이게 바

* 2005년에 설립된 단체로 이스라엘의 팔레스타인 탄압에 맞서는 국제적 비영리 단체들의 연합. BDS는 이스라엘 제품에 대한 Boycott, Divestment, Sanctions(불매운동, 투자철회, 경제제재)의 약자다.

로 지금 우리가 처한 상태다. 페터 한트케는 보스니아에서의 세르비아계의 군사작전을 대놓고 지지했는데도 2019년 노벨 문학상을 받은 반면, 누군가는 이스라엘 요르단강 서안 정치에 맞선 평화적 항의를 지지해 수상자의 자리에서 밀려난다.

둘째, 한병철이 묘사한 새로운 형태의 주체성을 좌우하는 것은 전 지구적 자본주의의 새로운 국면이다. 이 전 지구적 자본주의에서 불평등을 양산하는 계급차별 시스템은 그대로 존속되며, 여기서 투쟁과 적대는 개인 내면에서 일어나는 '자기 자신과의 투쟁'으로 결코 환원될 수 없다. 제3세계 국가들에는 아직도 수백만 명의 육체 노동자들이 있으며, 서로 다른 형태의 비물질 노동자들 사이에도 차이가 크다. (여기서는 노년층을 돌보는 요양보호사들같이 '사회복지'를 위해 고용된 사람들이 차지하는 부문이 성장하고 있다는 점만 지적하겠다.) 한 회사를 소유하거나 경영하는 최고 관리자와 집에서 자신의 컴퓨터와 홀로 씨름하며 소일하는 불안정한 노동자 사이에 확연한 간극이 놓여 있다. 물론 그들은 분명 같은 의미에서 주인도 노예도 아니다.

오래된 포드주의적 조립라인 방식의 노동이 어떻게 개인의 창조

** [원주] 무스타파 아부 스네이네, 「카밀라 샴지가 BDS 후원 때문에 독일의 문학상을 박탈당하다」. Mustafa Abu Sneineh, "Kamila Shamsie stripped of German literary prize over support for BDS", 〈www.middleeasteye.net〉

성에 더 많은 여지를 남겨주는 새로운 형태의 협력적 노동으로 탈바꿈했는지를 다룬 글들은 많다. 그렇지만 실질적으로 벌어지는 일은 그러한 탈바꿈이라기보다 외부위탁(아웃소싱)이다. 마이크로소프트와 애플에서는 업무가 훨씬 더 협력적 형태로 조율되겠지만, 그러고 나면 이 회사들의 최종 제품들은 중국이나 인도네시아에서 바로 그 포드주의적 방식으로 조립된다. 조립라인 노동이 단지 외부로 위탁된 셈이다. 그렇게 새로운 노동 분업이 일어난다. (한병철이 그려낸) 선진화된 서구에서 자기고용되어 자기착취하는 노동자들, 제3세계의 소모적인 조립라인 노동, 노동착취가 여전히 만연하고 있는 각종 형태—요양보호사, 식당 종업원 등—의 성장 중인 사회복지 노동 부문으로 말이다. 오로지 첫 번째 집단—자기고용된, 대체로 불안정한 노동자들—만이 한병철의 설명에 들어맞는다.

이 세 집단에는 각각 특유의 피로와 과로 유형이 함축되어 있다. 조립라인 노동은 다름 아닌 그 반복성으로 인해 소모적이다. 상하이 교외의 폭스콘 공장 조립대 뒤편에서 노동자들은 똑같은 아이폰을 계속 조립하면서 처절하게 지쳐간다. 이러한 피로감과 반대로 사회복지 노동이 지치는 것은 이들이 이른바 감정노동, 즉 자신들이 맡은 노동의 '대상'을 보살피리라는 기대를 받기 때문이다. 보육 노동자가 급여를 받는 이유는 그저 아이들을 돌보기 때문이 아니라 그들에게 애정도 보여주기 때문이며, 이는 노인이나 환자를 돌보는 경우에도 마찬가지다. 변함없이 '다정하게' 대해야 한다는 압박을 한번 상상해보라. 하는 일들에 그나마 어느 정도 내적 거리—아이에게 다정하게 대할 것을 요구받을 때도 우리는 그냥 그런 척할 수 있다—를 유지할 수 있는 앞의 두 영역과 달리, 세 번째 부문은 우리를 훨씬 더 지치게 만드는 무언가를 요구한다. 사람들이 물건을 사도록 유인하기 위해 제품을 광고하거나 포장하는 일에 당신이 고용되었다고 해보자. 그런데 개인적으로는 그 제품에 별로 관심이 없거나 심지어 그 제품의 아이디어 자체를 싫어하는 경우라면 어떨까. 우리는 창조적인 해결책을 떠올리려고 애쓰면서 매우 집중해 창의력을 발휘해야 하는데, 이런 노력은 조립라인에서 반복적인 일을 하는 것보다 훨씬 더 소모적일 수 있다. 한병철이 거론하고 있는 특수한 피로감이 바로 이것이다.

그러나 자기착취를 통해 스스로를 마모시키는 사람들은 집에서 개인용 컴퓨터를 앞에 놓고 작업하는 불안정한 노동자만이 아니다. 또 다른 집단 역시 여기서 다룰 필요가 있다. 이들은 대체로 "창의적 팀워크"라는 기만적 용어로 일컬어진다.* 이 집단의 노동

* [원주] Stephan Siemens and Martina Frenzel, *Das unternehmerische Wir*, Hamburg: VSA Verlag, 2014 참조.

자들은 고위 관리자들과 소유주들을 위해 경영자 역할을 수행하도록 요구받는 존재다. 그들은 생산 과정에서의 사회적 조직화와 그 분배 절차를 '창의적으로' 관리한다. 이러한 집단의 역할은 양면적이다. 한편으로 이 노동자들은 "경영자 역할을 맡음으로써 한정된 이윤의 형태 내에서 자기 업무의 사회적 성격과 의미를 받아들인다." "노동 및 조합된 협력을 효율적이고 경제적으로 조직하는 능력, 그리고 사회적으로 유용한 노동의 성격을 고안하는 일은 인류에게 도움이 되며 언제고 도움이 될 것이다"*라고 말이다. 그러나 이들은 이 일을 자본에 항시적으로 예속된 형태, 즉 회사가 더 많은 효율성과 이익을 얻을 수 있게 할 목적으로만 수행하며, 바로 이 긴장으로 인해 그 '창의적 팀워크'는 너무나 소모적인 일이 된다. 그들이 회사의 성공에 책임을 지고 있는 동안에도 그들의 팀워크는 또한 자신들 간의 경쟁 및 다른 집단들과의 경쟁과도 관련된다. 노동 과정을 조정하는 사람으로서 그들은 전통적으로 자본가에게 귀속되었던 역할을 수행하는 대가로 보수를 받는다. 따라서 경영상의 모든 걱정거리와 책임을 짊어지면서도 자신들의 미래는 불안정한 고용노동자로 남음으로써 그들은 두 세계에서 가장 최악

* [원주] Eva Bockenheimer, "Where are we developing the requirements for a new society", in Victoria Fareld and Hannes Kuch(ed.), *From Marx to Hegel and Back*, London: Bloomsbury, 2020, 209쪽.

의 것만 얻는 셈이다.

이러한 계급 구분은 코로나바이러스의 공포 앞에서 새로운 차원을 얻게 되었다. 우리는 집에서 안전하게 격리된 채 일을 하라는 요구에 엄청나게 시달리고 있다. 하지만 어느 집단이 이렇게 할 수 있을까? 불안정한 지식 노동자들과 경영자들은 이메일과 통신수단을 통해 협력할 수 있기에 설사 격리되더라도 일은 이래저래 무리 없이 진행할 수 있다. '스스로를 착취하는' 일에 더 많은 시간을 들일 수 있을지도 모른다. 그러나 공장과 노동 현장, 가게, 병원 그리고 대중교통 수단처럼 집 바깥에서 일을 해야 하는 사람들의 경우는 어떠한가? 이들에겐 많은 일들이 안전하지 않은 외부에서 벌어지며, 또 그래야 다른 사람들이 사적 격리 상태에서 생존할 수 있게 된다….

마지막으로 언급하지만 앞의 주장들 못지않게 중요한 사항은, 우리가 엄격한 자기규율과 일에 대한 헌신을 비난하면서 "그냥 쉬엄쉬엄 합시다!"라는 태도를 권장하려는 유혹을 물리쳐야 한다는 사실이다. 비록 나치가 잔혹하게 잘못 써먹었지만, "노동이 우리를 자유롭게 하리라!Arbeit macht frei!"라는 구호는 여전히 옳다. 그렇다. 감염병의 결과들을 처리하고 있는 많은 사람에게는 힘들고 소모적인 노동이 엄연히 존재한다. 그렇지만 이 일은 공동체의 이익을 위한 의미 있는 노동이고, 시장에서 성공하기 위해 애쓰는 어리석은 노력이 아니라 그 자체로 만족을 가져오는 노동이다. 한 의료 노동자가 초과근무 때문에 완전히 기진맥진할 때, 한 요양보호사가 벅찬 임무에 지쳐버릴 때, 그들은 강박적으로 경력을 관리하는 사람들의 피로와는 다른 방식으로 지치는 것이다. 그들의 피로는 보람 있고 값지다.

P A N D E M I C

3장

유럽의 퍼펙트 스톰을 기다리며

P A N I C

퍼펙트 스톰(최악의 상황)은 각기 다른 상황들이 드물게 합쳐져 극단적 폭력성을 띤 사건이 발생하는 것을 말한다. 그러한 경우 이 시너지는 참여 요소들 각각의 단순한 총합보다 훨씬 더 강력한 에너지를 방출한다. 이 용어는 1997년 출판된 논픽션 베스트셀러에서 서배스천 영거가 1991년 북대서양 쪽 미국 동부 해안을 강타했던, 백년에 한 번 올까 말까 한 폭풍의 조합을 다루는 바람에 유명세를 얻었다. 오대호 지역에서 발원한 고기압이 노바스코샤 해안 부근의 세이블섬 상공에서 만들어낸 폭풍우가 카리브해에서 올라오던 허리케인 그레이스와 충돌한 사건이었다. 영거의 르포는 괴물 같은 파도에 파묻혀 실종된 어선 '앤드리아 게일'의 뱃사람들을 집중 조명한다.

지금 유행 중인 코로나바이러스 감염병이 전 지구로 퍼졌기 때문에, 우리가 지금 모두 같은 배에 타고 있다는 논평이 왕왕 등장한다. 그런데 유럽이라 불리는 배야말로 다른 어떤 배들보다 '앤드리아 게일'의 운명에 더 가깝다는 것을 나타내는 조짐들이 있다. 세 덩이의 폭풍이 한데 뭉쳐 기세를 모으면서 유럽 상공을 뒤덮는다. 그중 두 개의 폭풍은 유럽에 국한된 것은 아니다. 다만 코로나바이러스 감염병이 몰고 온 직접적인 물리적 충격—격리, 투병, 사망—과 그 경제적 여파는 다른 곳보다 유럽에서 더 심각할 것이다. 왜냐하면 유럽 대륙은 이미 침체를 겪고 있었고, 세계의 다른 지역들보다 수입과 수출에 더 많이 의존하기 때문이다. (예컨대 자동차 산업은 독일 경제의 근간이며 중국으로 고급 차량을 보내던 수출길은 이미 정체를 겪고 있었다.) 바이러스와 경제라는 두 폭풍에 우리는 푸토안Putoğan 바이러스라고 할 수 있는 제3의 폭풍을 덧붙여야 한다. 이것은 시리아에서 터키와 (러시아로부터 직접 지원을 받는) 아사드 정권이 벌이고 있는 새로운 폭력 사태의 발발이다. 양측은 자신들의 정치적 이득을 위해 수백만 난민들의 고통을 잔인하게 이용하고 있다.

터키가 수천 명의 이민자들에게 유럽으로 떠나라고 떠밀면서 그리스 국경까지 수송할 계획을 세우기 시작했을 때, 터키 대통령 에르도안은 실용적이고 박애주의적인 이유들을 들어 이 조치를 정당화했다. 터키는 더 이상 증대하는 난민들을 지원할 수 없다는 것이다. 이 핑계는 놀라운 냉소주의를 여실히 보여준다. 그 변명은 터키 자체가 시리아 내전에 가담해 한쪽 편을 들었기에, 난민들의 물결이 생겨나는 데 무거운 책임이 있다는 사실을 무시한다. 이제 터키는 유럽이 난민 부담을 같이 떠안기를, 다시 말해 유럽이 행한 무자비한 정치의 대가를 치르기를 바라고 있다. 시리아의 쿠르드족 위기를 둘러싼 사이비 '해결책'—터키와 러시아가 평화협정을 강제 시행하여 각자가 자기 지역을 통제하자는 것—은 이제 휴지조각이 되어가지만, 러시아와 터키는 여전히 유럽에 압력을 행사하는 이상적 위치를 점하고 있다. 두 국가는 원유 공급뿐만 아니라 난민 행렬도 통제하면서 두 가지 모두를 협박 수단으로 삼을 수 있는 위치에 있다.

에르도안과 푸틴이 추고 있는 저 악마적 춤, 갈등에서 연대에 이르렀다가 다시 갈등으로 돌아가는 이 춤사위에 속지 말아야 한다. 이 양극단은 시리아 민중을 볼모로 벌이는 똑같은 지정학적 게임의 일부다. 둘 중 어느 쪽도 시리아 민중의 고통은 아랑곳하지 않을뿐더러 둘 다 적극적으로 이용해먹는다. 우리의 눈길을 끌 수밖에 없는 사실은 푸틴과 에르도안의 유사성인데, 이들은 둘의 이름을 합쳐 '푸토안'으로 부를 수 있는 합성 인물의 모습을 띤 채 동일한 정치적 체제의 다시없을 두 가지 변종을 표상한다.

우리는 에르도안과 푸틴 중 누가 더 이 위기에 책임이 큰지 묻는 게임에 빠져들지 않아야 한다. 그들은 둘 다 최악이며, 있는 그대로 평가되어야 한다. 그들은 자신들의 목적을 달성하기 위해 수백만 명의 고통을 무자비하게 이용하고 한 국가를 파괴하는 전쟁범죄자들이며, 그 목적 가운데 하나는 통합된 유럽의 파괴다. 나아가 그들은 지금 전 지구적 감염병 상황, 즉 전 지구적 협력이 그 어느 때보다 시급한 이 시국을 틈타 이 일을 벌이면서, 감염병 시국이 불러일으키는 공포를 자신들의 군사적 목적을 추구하는 수단으로 삼고 있다. 최소한의 정의감이 있는 세계에서라면, 그들의 위치는 대통령의 자리가 아니라 헤이그에 있는 국제형사재판소여야 마땅하다.

이제 우리는 세 폭풍의 조합이 어떻게 하나의 퍼펙트 스톰을 만드는지 알게 되었다. 터키가 조직한 새로운 난민 행렬은 지금과 같은 코로나바이러스 감염병 시국에 처참한 결과들을 초래할 수 있다. 우리가 전 지구적 협력의 필요성을 뼈아프게 각성했다는 기본 사실에 곁들여서, 현재 시점까지 감염병과 관련된 좋은 점 하나는 이 병이 이민자들이나 난민들의 탓으로 돌려지지 않았다는 사실이다. 대부분의 인종차별주의는 위협이 동방의 타자로부터 발생한 것이라고 느끼는 과정에서 작동했다. 그렇지만 만일 두 이슈가 한

데 뒤섞인다면, 만일 난민들이 감염병의 확산과 관계된 것으로 받아들여진다면(난민들이 거주하고 있는 혼잡한 캠프의 상태들을 고려하면 난민들 사이에서도 코로나바이러스의 광범위한 전염이 나타날 가능성은 당연히 존재한다), 그때는 포퓰리즘적 인종차별주의자들이 전성기를 맞을 것이다. 그들은 '과학적인' 의료상 근거를 들어 자신들의 외국인 배제를 정당화할 것이다. 난민 유입을 허용하는 호의적 정책들이 공황 상태와 공포 같은 반응을 쉽게 불러일으킬 수 있다. 오르반 빅토르가 최근 한 연설에서 주장했듯이, 헝가리는 모든 유럽이 실질적으로 따라가려는 전범이 될 수 있다.*

이 파국을 막기 위해 요구되는 최우선 과제는 거의 불가능에 가깝다. 유럽의 실효적 통합, 특히 프랑스와 독일의 협력을 강화하는 것이다. 이 통합에 근거해 유럽은 난민 위기에 대처하기 위해 행동해야 한다. 최근의 한 방송 토론에서, 독일 좌파연합당 디 링케Die Linke의 주요 인물 그레고어 귀지는 유럽인이 제3세계 국가들의 궁핍에 아무런 책임도 느낄 필요가 없다고 서슴없이 주장하는 반反이민주의 대변자에게 훌륭하게 응수했다. 그 대변자는 유럽 국가들은 제3세계 국가들을 돕기 위해 돈을 쓰는 대신 자국 시민들

---

* 지젝이 여기서 주장하는 것은 헝가리가 유럽 난민정책의 모범이 될 수 있다는 이야기가 아니다. 지젝이 거론한 오르반 헝가리 총리의 최근 연설(2020년 3월 13일)은 난민과 이민자, 외국인 들이 코로나바이러스만큼 유럽에 큰 위협이라고 주장한다.

의 복지에만 책임져야 한다고 주장했다. 귀지가 내놓은 답변의 요체는 다음과 같다. 만일 유럽인이 제3세계의 가난한 자들에 관한 책임을 받아들이지 않고 그런 생각에 맞춰 행동한다면, 제3세계의 가난한 이들에게는 유럽으로 오는 것 이외에 다른 선택의 여지가 없을 텐데, 이거야말로 반이민 정서를 가진 사람들이 격렬하게 반대하는 것 아니냐는 주장이었다. 우리 모두가 유럽에 당도하고 있는 난민들에 대해 관용과 연대 표시를 강조하는 일도 중요하지만, 난민 행렬이라는 난제에 대처하는 〔귀지가 제시한 것과 같은〕 이런 취지의 주장이야말로 추상적 박애주의에 호소하는 것보다 훨씬 더 효과적일 듯하다. 더 가난한 국가에서 벌어지는 많은 고통이 유럽의 인종차별주의와 식민주의의 결과라는, 부인할 수 없는 사실에서 발원하는 죄의식에 호소하고 관용을 구하는 추상적 박애주의 말이다. 박애주의 노선을 따르는 주장, 즉 그저 인간의 얼굴을 한 채 기존 질서가 유지되길 바라는 입장은 아무것도 바꿀 수 없을 비참한 대응일 뿐이다. 지금은 그것 이상이 필요하다.

P A N D E M I C

4장

바이러스의 사막에 잘 오셨습니다

P A N I C

현재 진행형인 코로나바이러스 감염병의 확산은 우리 사회 내부에 잠자고 있던 광범위한 이데올로기적 바이러스들 또한 건드렸다. 가짜뉴스, 편집증적 음모론, 인종차별주의의 득세 등. 격리를 위해 잘 갖추어진 의료 체계가 필요하다는 요구는, 분명한 경계들을 세워 우리 정체성에 위협이 되는 적들을 격리하라는 이데올로기적 압력도 불러일으켰다.

그러나 어쩌면 또 하나의 훨씬 더 이로운 이데올로기적 바이러스가 퍼져서 우리를 감염시키리라는 희망을 품어본다. 하나의 대안적 사회를 사유하는 바이러스, 국민국가를 넘어선 사회이자 전지구적 연대와 협력의 형태를 실현하는 사회를 사유하는 바이러스

말이다. 코로나바이러스가 중국 공산주의의 붕괴를 가져올 것이라는 추론이 널리 퍼져 있다. 마치 체르노빌 참사가 소비에트 공산주의의 종말을 추동했다고 고르바초프가 인정했던 것과 같은 방식으로 말이다. 그러나 여기에는 한 가지 역설이 있다. 코로나바이러스는 우리에게 인민과 과학에 대한 신뢰를 바탕에 두고 공산주의를 재발명할 것 또한 요청한다.

쿠엔틴 타란티노의 영화 〈킬빌 2〉의 마지막 장면에서 베아트릭스는 사악한 빌을 불구로 만든 다음 모든 무술 중 가장 치명적인 타격인 '오지심장파열술'로 공격한다. 이 무공은 손가락 끝으로 상대방 몸 중 다섯 개의 서로 다른 혈을 하나씩 타격하는 움직임이다. 목표물이 뒷걸음쳐서 다섯 걸음을 걸으면 몸속 심장이 터지면서 마룻바닥에 쓰러진다. 이런 공격은 무술 신화의 일부분일 뿐 현실의 육탄전에서는 불가능하다. 영화에서 베아트릭스가 빌을 이렇게 공격하고 나자 그는 침착하게 그녀와 화해를 하고 다섯 걸음을 걸은 뒤 죽는다.

이 공격 장면이 너무도 매혹적인 이유는 타격당한 시점부터 죽는 순간까지 시차가 있기 때문이다. [타격을 당한 뒤에도] 차분하게 앉아 있는 한 나는 유쾌하게 대화를 나눌 수 있지만, 일단 발걸음을 떼기 시작하는 순간 심장이 터져버리리란 것을 대화를 나누는 내내 알고 있다. 코로나바이러스 때문에 중국에서 공산주의 체제가 붕괴할지도 모른다는 궤변을 일삼는 사람들의 생각이란 꼭 코로나바이러스 감염병이 중국 공산주의 체제에 마치 모종의 사회적 '오지심장파열술'처럼 작용하리라고 보는 것과 같지 않을까? 중국 지도부는 가만히 앉아서 관찰하며 일상적인 방역 조치들을 해나갈 수 있겠지만, (진정으로 인민을 신뢰하는 일 같은) 사회질서의 모든 진정한 변화는 그들의 몰락을 가져올 것이라는 이야기다. 내 견해는 훨씬 더 급진적이다. 코로나바이러스 감염병은 전 지구적 자본주의 시스템에 가해진 일종의 '오지심장파열술'이다. 이는 우리가 지금껏 걸어온 방식대로는 더 이상 지속할 수 없으며 근본적 변화가 필요하다는 신호다.

몇 해 전 프레드릭 제임슨은 소행성이 지구 생명체를 위협하거나 바이러스가 인류를 절멸시키는 것 같은 우주적 파국을 담은 영화들의 유토피아적 잠재성에 관심을 기울였다. 그러한 우주적 위협으로 인해 전 지구적 협력이 탄생하고, 우리의 사소한 차이들은 의미가 없어지며, 우리 모두 해결책을 찾기 위해 힘을 모으는 식이다. 지금 실제로 우리는 바로 이러한 상황에 처해 있다. 이는 우리의 대의에 도움이 되는 한 널리 퍼져가는 고통을 가학적으로 즐기라는 요청이 아니다. 그렇기는커녕 핵심은 우리가 살고 있는 사회의 가장 기본적 특성들을 재점검하기 위해 하나의 파국이 필요하다는 서글픈 사실을 반추하는 일이다.

그러한 전 지구적 협력의 첫 느슨한 모델은 세계보건기구WHO다. 우리는 이 기구 덕분에 관료들의 뻔한 횡설수설을 듣지 않아도 되며 두려움의 조장 없이 공표되는 정확한 경고를 받는다. 더 많은 실행 권한이 그러한 기구들에 부여되어야 한다. 미국 대통령 후보였던 버니 샌더스는 회의론자들로부터 미국 내 전국민건강보험 도입을 옹호한다고 조롱당하는 상황이다. 그런데 코로나바이러스 감염병의 교훈이 바로 더 많은 보편적 건강보험이 필요할 뿐만 아니라 어떤 형태로든 전 지구적 건강관리 네트워크를 구축하기 시작해야 한다는 것 아닐까? 이란의 보건부 차관 이라즈 하리르치는 코로나바이러스의 확산을 대단치 않게 보고 대규모 격리가 필요하지 않다고 주장하기 위해 기자회견에 나섰는데, 바로 다음날 그 자신이 코로나바이러스에 감염되어 자가격리에 들어갔다고 인정하는 짤막한 성명서를 발표했다. (텔레비전 출연 중에도 그는 발열과 쇠약 증세를 보였다.) 하리르치는 이렇게 덧붙였다. "이 바이러스는 민주적입니다. 그래서 빈자와 부자를 가리거나 정치가와 일반 시민을 구분하지 않습니다."* 이 점에서 그는 지극히 옳았다. 우리는 모두 같은 배에 타고 있으니까. 우리를 뭉치게 하고 전 지구적 연

* [원주] 마틴 출로프, 「이란 보건부 차관, 바이러스에 걸리다」. Martin Chulov, "Iran's deputy health minister: I have coronavirus", 〈www.theguardian.com〉, 2020년 2월 25일.

대 증진을 독려했던 그 무엇이, 일상의 차원에서는 타인과의 밀접한 접촉을 피하고 심지어 자가격리하라는 엄격한 명령들로 표현된다는 사실이 주는 엄청난 아이러니를 여기서 놓치기는 어렵다.

우리는 그저 바이러스의 위협에만 대처하고 있는 것이 아니다. 다른 파국들이 우리 눈앞에서 어른거리거나 이미 벌어지고 있다. 가뭄, 폭염, 태풍 등 그 목록은 길게 이어진다. 이 모든 경우에 해답은 공포가 아니라 효율적인 전 지구적 협력을 어떤 형태로든 구축하는 굳세고 간절한 노력이다.

가장 먼저 없애야 할 환상은 도널드 트럼프가 최근 인도 방문 동안 부추겼던 것과 같은 망상이다. 그는 감염병이 금세 물러갈 것이며 우리는 그저 바이러스 유행이 정점에 이르길 기다렸다가 일상으로 돌아가면 된다고 말했다. 중국은 벌써 그 순간을 준비하고 있다. 중국 언론은 감염병이 물러가고 나면 사람들은 이를 만회하기 위해 토요일과 일요일에도 일을 해야 할 것이라고 떠들어댔다. 이 모든 들뜬 희망과 달리 바이러스의 위협은 여기에 머물러 있다. 이 사실을 받아들이는 일이 절실하다. 이번 파동이 물러가더라도 감염병은 새롭고 어쩌면 더 위험한 형태로 재출현할 것이다. 코로나바이러스 감염을 극복해 생존 및 완치된 것으로 공표된 다음 다시 감염된 환자들이 벌써 존재한다는 사실은 이런 행로를 예시하는 불길한 조짐이다.*

이런 이유로, 바이러스 감염병은 예상컨대 우리 자신의 몸을 비롯해 우리를 둘러싼 다른 사람 및 사물과 맺는 모든 기초적인 상호 교류에 영향을 끼칠 것이다. 이 사태에 어찌 대처해야 할지 알려주는 지침들이 쏟아져나올 것이다. (눈에 띄지 않지만) 더러울 수도 있는 물건을 만지지 말 것, 고리를 잡지 말 것, 공중화장실 변기나 공공장소 의자에 앉지 말 것, 다른 사람과 포옹하거나 악수하는 일을 피할 것… 특히 자기 스스로의 몸과 자신의 우발적인 몸짓을 세심하게 통제할 것. 코를 만지거나 눈을 비비지 말 것, 요컨대 자위하지 말 것. 국가와 다른 기구들만 우리를 통제하기 위해 애쓰는 것이 아니라 우리도 스스로를 통제하고 규율하는 법을 배워야 한다! 어쩌면 가상현실만이 안전하다고 여겨질지 모르며 개방된 공간에서 자유롭게 움직이는 일은 초부유층이 소유한 섬에 한정될 것이다.**

그러나 여기 가상현실과 인터넷 차원에서조차 우리는 다음과 같은 사실을 떠올려볼 필요가 있다. 지난 수십 년 동안 '바이러스'와 '바이러스성'이라는 용어는 주로 우리 웹 공간을 오염시키면서도 최소한 그것들의 파괴적 힘—예컨대 데이터나 하드드라이브를 파

---

* 한국 방역 당국은 신종 코로나바이러스 감염병 재양성 환자의 경우 감염력이 없다고 판단한다.

** [원주] 이 생각을 나는 [독일 〈벨트〉 문화부의] 안드레아스 로젠펠더에게 얻었다.

괴하는 힘—이 방출될 때까지는 우리가 알 수 없는 디지털 바이러스 존재를 가리키는 데 쓰였다. 우리가 지금 목격하고 있는 것은 용어가 본래 지닌 문자 그대로의 의미로 단번에 돌아가는 움직임이다. 바이러스성 전염은 현실과 가상 두 차원에서 모두 긴밀하게 연관되어 작용한다.

우리가 관찰할 수 있는 또 하나의 기이한 현상은 자본주의적 애니미즘, 즉 시장이나 금융자본 같은 사회현상들을 살아 있는 실체로 대하는 태도의 의기양양한 귀환이다. 거대 언론을 살펴볼 때 받는 인상은, 우리가 진짜로 걱정해야 하는 일이 이미 사망한 수천 명과 곧 죽게 될 더 많은 사람이 아니라 '시장이 공포에 떨고 있다'는 사실이라는 점이다. 코로나바이러스가 세계시장의 원활한 작동을 그 어느 때보다 더 가로막고 있기 때문이다. 이 모든 것이 시장 메커니즘에 더 이상 좌우되지 않을 전 지구적 경제의 재조직화가 시급하다는 사실을 분명하게 알려주고 있지 않는가? 여기서 거론하는 것은 물론 구닥다리 공산주의가 아니라, 바로 경제를 통제하고 규제할 수 있을 뿐만 아니라 필요하다면 국민국가의 주권에 제한도 가할 수 있는 전 지구적 형태의 조직일 뿐이다. 국가는 전시에 그렇게 할 수 있었는데, 우리는 지금 실질적으로 의료 전쟁 시국에 가까워지고 있는 셈이다.

우리는 이 감염병이 주는 잠재적으로 유익한 얼마간의 부수 효과를 짚어주는 일에 두려움을 느껴서는 안 된다. 이 감염병의 상징으로 꾸준히 등장하는 것이 거대한 크루즈 선박들에 격리되어 갇힌 승객들이다. 나는 그 선박들의 외설적인 모습을 그만 보게 되어 정말 속이 시원하다. 물론 외딴섬이나 다른 휴양지로 여행하는 일이 수십 년 전 항공기 이용처럼 또다시 소수 부자들만의 배타적 특권이 되지 않도록 주의를 기울여야 하겠지만. 놀이공원은 유령도시로 변하고 있다. 끝내준다. 디즈니랜드보다 더 지루하고 시시한 장소를 상상하기도 어려웠는데. 자동차 생산이 심각한 타격을 입고 있다. 잘됐네, 이참에 개인별 운송수단에 목매는 우리의 강박을 대체할 다른 방안을 생각해볼 필요가 있을 것이다. 목록은 계속 이어질 수 있다.

헝가리 총리 오르반 빅토르는 최근의 한 연설에서 "자유주의자 같은 건 세상에 없다. 자유주의자란 그저 학위를 딴 공산주의자에 다름 아니다"*라고 말했다. 그런데 만일 그 반대가 진실이라면? 우리가 우리의 자유를 돌보는 사람들을 일컬어 '자유주의자'라고 부른다면, 그리고 전 지구적 자본주의가 위기에 가까워지니 자유를 지키기 위해 오직 근본적 변화만이 필요하다는 사실을 깨달은

* [원주] 앨러스터 제이미슨, 「오르반, 유럽연합을 비판하다」. Alastair Jamieson, "Hungary's Orban lashes out at slow EU growth, 'sinister menaces' and George Soros", 〈www.euronews.com〉, 2020년 2월 16일.

사람들을 '공산주의자'라고 부른다면, 오늘날 자기 자신을 여전히 공산주의자라고 인식하는 사람들이야말로 학위를 지닌 자유주의자라고 말해야 할 것이다. 오늘날의 공산주의자는 어째서 우리의 자유주의적 가치들이 위협에 처했는지 진지하게 탐구해 오로지 근본적 변화만이 그 가치들을 지켜낼 수 있다는 것을 깨닫게 된 바로 그 자유주의자들이다.

PANDEMIC

5장

감염병의 다섯 단계

PANIC

아마도 우리는 엘리자베스 퀴블러로스의 이론으로부터 우리가 코로나바이러스 감염병에 어떻게 대응해야 하는가에 대해 무엇인가를 배울 수 있겠다. 저자는 『죽음과 죽어감*On Death and Dying*』에서 우리가 불치병에 걸렸다는 사실을 알았을 때 어떻게 대응하는지를 두고 유명한 다섯 단계의 도식을 제안했다. (1) 부인. 사실 인정을 그냥 거부하는 단계: "이런 일은 나에게 생길 수 없어." (2) 분노. 더 이상 사실을 부정할 수 없을 때 폭발하는 단계: "어떻게 나에게 이런 일이 생길 수 있지?" (3) 타협. 사실을 어떻게든 중요하지 않은 것으로 치부하거나 축소하기를 희망하는 단계: "애들이 졸업하는 거 볼 때까지만 살면 좋겠다." (4) 우울. 리비도 투자가 철회되

는 단계: "곧 죽을 건데 신경쓸 일이 뭐가 있겠어?" (5) 수용. 마지막 단계: "싸울 수 없으니, 갈 준비를 하는 게 낫겠어." 훗날 퀴블러로스는 이 단계들을 개인적 상실—실직, 사랑하는 사람의 죽음, 이혼, 약물중독—의 모든 파국적 형태에 해당하는 것으로 적용 범위를 넓혔고, 이 단계들이 반드시 똑같은 순서로 진행되지는 않으며 모든 환자가 다섯 단계를 전부 거치는 것도 아니라고 강조했다.

한 사회가 트라우마에 해당하는 어떤 참사를 당했을 때는 언제나 이와 유사한 다섯 단계를 확인할 수 있다. 생태적 재앙의 위협을 예로 들어보자. 첫째, 우리는 그 위협을 부인하는 경향이 있다. (그냥 피해망상일 뿐이야. 지금 벌어지는 모든 일은 기후 패턴의 일상적 진동이지.) 그다음 분노가 생겨난다. (우리 환경을 오염시키는 거대기업과 위험을 무시하는 정부에 화를 낸다.) 타협이 그 뒤를 잇는다. (우리가 쓰레기를 재활용하면 시간을 벌 수 있어. 또 환경 위기에는 좋은 측면도 있지. 그린란드에서 채소를 재배할 수도 있고, 새로운 북극 항로를 통해 선박 화물을 중국에서 미국까지 더 빠르게 운송할 수 있게 될 거야. 영구동토층이 녹으면 시베리아에서 비옥한 토지를 새로 얻게 될 수도 있을 거야…) 우울 단계. (너무 늦었어, 우린 망했어…) 그리고 마침내 수용 단계. (우리는 심각한 위협에 맞닥뜨리고 있어. 우리 삶의 방식을 모조리 바꾸어야 해!)

우리 삶을 디지털로 통제하는 위협이 증가할 때 비슷한 패턴이 적용된다. 먼저, 우리는 그 사실을 부인하고자 한다. (그건 과장된 거고, 좌파들의 피해망상이고, 어떤 행위자도 우리의 일상 활동을 통제할 수는 없어.) 그러고 나면 분노가 폭발한다. (우리가 아는 것보다 우리를 더 많이 알고 있으며 이 정보를 우리를 통제하고 조종하는 데 이용하는 거대기업들과 국가 첩보기관들을 비난한다.) 그다음 단계는 타협이다. (당국은 테러리스트를 추적할 권리가 있지만, 우리 사생활까지 침해해서는 안 되지.) 이어지는 단계는 우울. (너무 늦었어. 우리 사생활은 뚫렸고, 개인의 자유 시간은 끝났어.) 그리고 마침내 수용 단계. (디지털 통제는 우리의 자유를 위협하므로, 우리는 대중이 그 모든 양상을 이해할 수 있게 만들고 우리 스스로 통제에 맞서 싸워야 해!)

중세 시대에 역병의 영향권에 있던 마을 구성원들도 그 병의 조짐에 비슷한 방식으로 대응했다. 처음엔 부인하고, 그다음엔 천벌을 받게 되는 자신의 죄 많은 삶에 화를 내거나 처벌을 내린 잔혹한 신에게 분노한다. 그러고 나면 타협의 순간이 온다. (최악의 상황은 아니니까, 아픈 사람들만 피하면 될 거야.) 그 뒤엔 우울. (우리 삶은 끝났어.) 그러고 난 뒤 흥미롭게도 난잡함orgies이 이어진다. (삶이 다 끝나버렸으니 흥청망청 마시고 섹스하면서 아직 남아 있는 모든 쾌락을 삶에서 있는 대로 끌어내보자.) 그리고 마침내, 수용한다. (때가 되었다. 그냥 일상의 삶이 지속되는 것처럼 최대한 삼가며 행동하자.)

2019년 말에 폭발했던 코로나바이러스 감염병에 우리가 대처하는 방식 역시 이와 같지 않을까? 먼저, 부인이 있었다. (아무 심각한 일도 벌어지고 있지 않다. 몇몇 무책임한 개인들이 그저 공포심을 조장하고 있을 뿐이다.) 그다음엔 분노. (주로 인종차별적이거나 반국가적 형태로, 중국인에게 책임이 있다거나 우리나라는 엉망진창이다 같은 비난을 쏟아낸다.) 그 뒤에는 타협이 온다. (그래, 희생자가 얼마간 생기겠지만, 사스보다는 덜 심각하니 피해를 최소화할 수 있을 거야.) 이 단계가 이루어지지 않으면 우울이 생겨난다. (장난칠 때가 아닌 것 같아. 우리 모두 불행해질 거야.) … 그런데 마지막 수용 단계는 어떻게 나타날까? 희한한 사실은 이 감염병이 프랑스나 홍콩 같은 곳에서 일어난 사회적 저항들*의 가장 최근의 양상과 공통된 특징을 보여준다는 것이다. 이 시위들은 폭발적으로 나타났다 그냥 사라지지 않았다. 시위들은 꾸준히 지속되었고, 우리 삶에 항구적인 두려움과 취약함을 몰고 왔다.

우리가 받아들여야 하고 감수해야 하는 것은 생명의 하부층위 sub-layer, 즉 죽지 않고, 어리석으리만치 반복하며, 유성생식을 하지 못하는 바이러스 생명이 존재한다는 사실이다. 이 하부층위는 항상 거기에 있어왔고, 어두운 그림자처럼 늘 우리와 함께 존재하면

* 프랑스의 노란조끼 시위와 홍콩의 민주화 시위를 의미한다.

서 우리의 생존 자체에 위협을 가하고, 가장 예상하지 못한 순간에 터져버릴 것이다. 심지어 좀 더 일반적 차원에서 이 바이러스성 감염병은 우리에게 우리 삶의 궁극적 우연성과 무의미를 상기시켜주기도 한다. 아무리 웅대한 정신적 건축물을 우리 인류가 세운다 한들, 한갓 바이러스나 소행성 같은 망할 놈의 자연적 우연성에 의해 모조리 끝장날 수 있다… 생태학의 가르침은 말할 것도 없다. 우리 인류가 이 종말에 부지불식간에 이바지할 수 있다는 가르침 말이다.

P A N D E M I C

6장

이데올로기 바이러스

P A N I C

코로나바이러스 감염병은 나같이 통계학에 문외한인 사람에게조차 흥미로운 의문을 불러일으킨다. 과연 어느 지점에서 데이터가 끝나고 이데올로기가 시작되는가?

여기에는 역설이 하나 있다. 우리 세계가 연결될수록 지역의 재난은 전 지구적 공포를 유발할 수 있고 끝내 파국으로 이어질 수 있다는 사실이다. 2010년 봄 아이슬란드에서 소규모 화산 폭발이 일어났을 때, 그로 인해 생긴 화산재 구름이, 지구 생태의 복잡한 메커니즘에서는 사소한 혼란에 불과한 이 구름이, 유럽 전역의 항공 운행을 거의 전부 중지시켰다. 이 사건은 자연에 손을 대는 모든 엄청난 활동에도 불구하고 인류가 지구 행성에 살고 있는 수많은 생명체들 중 그저 또 다른 하나에 불과하다는 사실을 속속들이 되새겨주었다. 그러한 사소한 폭발이 가져온 어마어마한 사회경제적 충격 자체는 우리의 기술 발전, 이 경우엔 항공 여행 기술 발전의 덧없음 때문에 발생한 것이었다. 한 세기 전이라면 그러한 분출은 무시되었을 터다. 기술적 발전은 우리가 자연으로부터 훨씬 더 독립할 수 있게 해주지만 동시에 다른 차원에서는 자연의 변덕에 더 좌우되는 상태에 이르게 했다. 비슷한 지적이 코로나바이러스 확산에도 해당한다. 덩샤오핑의 개혁개방이 있기 전에 이 일이 발생했다면, 우리는 모르긴 몰라도 그 소식을 들어보지조차 못했을 것이다.

한 가지는 분명하다. 새로운 벽을 쌓고 격리를 강화하는 고립만으로는 일을 제대로 처리할 수 없을 것이다. 조건 없는 전면적 연대와 전 지구적으로 조율된 대응이 필요하며, 한때 공산주의라 불렸던 것의 새로운 형태가 요구된다. 우리가 이러한 방향으로 노력을 다잡지 못한다면 오늘의 우한은 인류의 전형적 미래도시가 될지도 모른다. 많은 디스토피아에서 이미 이와 흡사한 모습을 상상하고 있다. 그 미래에 우리는 집에 머물며, 컴퓨터를 이용해 일을 하고, 화상회의를 통해 소통하고, 재택 사무실 한편의 기구 위에서 운동하고, 때때로 노골적으로 섹스가 상영되는 스크린 앞에서 자위를 하고, 배달 음식을 먹으며, 다른 인간 존재들은 결코 직접 만나지 않는다.

그렇지만 이 끔찍한 악몽 같은 미래상에는 예기치 못한 해방적 전망이 숨어 있다. 나는 최근 며칠 동안 우한을 방문하는 꿈을 꾸었다는 사실을 고백해야겠다. 평소 북적이던 도심은 유령도시처럼 보이고, 가게 문은 열렸지만 손님 하나 없고, 홀로 걷는 사람 혹은 이따금 지나가는 차 한 대가 전부인 이 거대도시(메갈로폴리스)의 버려진 길거리들은, 소비자 없는 세계란 과연 어떤 모습일지 슬쩍 보여주고 있다. 상하이나 홍콩의 텅 빈 거리에 담긴 우수에 찬 아름다움은 〈그날이 오면〉*같이 대재앙 이후를 다룬 옛 영화들을 떠올리게 하며, 도시 인구 대부분이 말살된 모습을 드러낸다. 어떤 거대하고 극적인 파괴도 없이, 이제 곧 이용할 수 없게 된 세상이 그저 눈앞에 펼쳐진 채 우리를 기다리며, 우리를 응시하고 우리를 찾고 있는 모습. 이따금 행인들이 있긴 해도 이들이 쓰고 있는 새하얀 마스크는 오히려 서로 알아봐야 하는 사회적 압력으로부터 벗어나는 반가운 익명성과 해방감을 선사한다.

우리 중 많은 사람들이 1966년에 출판된 프랑스 대학생들의 『상황주의자 선언*Situationist Manifesto*』의 저 유명한 결론을 기억할 것이다. "시간 낭비하지 말고 살며, 방해받지 말고 즐기자." 프로이트

---

* On the Beach. 스탠리 크레이머 감독이 1959년에 만든 과학영화. 핵전쟁 이후의 지구를 그려낸다.

와 라캉에게 배울 점이 있다면 바로 이런 정식formula일 터다. (왜냐하면 라캉이 깔끔하게 증명했듯, 초자아는 그 가장 기본적 의미에서 즐기라는 적극적 명령이지 무언가를 금지하는 부정적 행위가 아니기 때문이다.) 즉 초자아 명령의 궁극적 주장은 사실상 재앙으로 가는 길이다. 우리에게 할당된 시간의 모든 순간을 강렬한 참여로 채우라는 요구는 불가피하게도 숨막히는 단조로움으로 끝나기 십상이다. 그러나 낭비된 시간—물러남의 순간, 옛 신비주의자들이 놓여남Gelassenheit, 풀려남releasement으로 부른 순간—은 우리 삶의 경험을 다시 활성화하는 데 결정적이다. 어쩌면 전 세계 도시들에서 코로나바이러스로 인한 격리가 불러온 뜻밖의 결과 중 하나는, 적어도 어떤 사람들은 정신없이 바쁜 활동에서 놓여나 자신의 시간을 활용해 자신이 처한 곤경의 (무)의미를 반추할 것이라는 희망이다.

이와 같은 생각들을 공개적으로 거론함으로써 위험해질 수 있다는 점을 충분히 안다. 나는 (아직은) 안전한 외부에 물러서서, 고통받고 있는 희생자들에게 무언가 더 심오하고 진정한 통찰의 공을 돌리고, 그럼으로써 냉소적으로 그들의 고통을 합법화하는 일을 반복하고 있는 것은 아닐까? 마스크를 쓴 한 우한 시민이 의약품이나 식품을 찾기 위해 여기저기 걸어다닐 때, 그 사람의 마음속에 반反소비주의적 생각 따위는 당연히 존재하지 않고, 오직 공포, 분노, 두려움이 있을 뿐이다. 다만 나는 아무리 끔찍한 사태들이라도 예기치 못한 긍정적 결과들을 낳을 수 있다는 말을 하고 싶다.

이탈리아 역사가인 카를로 긴즈부르그는 자신의 나라를 사랑하는 것이 아니라 부끄러워하는 것이 그 나라에 소속됨을 나타내는 진짜 증표일 수 있다고 주장했다. 어쩌면 지금과 같은 고립과 강요된 침묵의 시국에 어떤 이스라엘 사람들은 네타냐후와 트럼프가 자신들을 위해 행한 정치에 대해 부끄러워할 용기를 낼지도 모른다. 당연히 자신이 유대인이라는 사실에 수치심을 느낀다는 의미는 아니다. 그게 아니라, 요르단강 서안지구에서 이스라엘 정치계가 하는 짓, 유대주의 자체의 가장 귀중한 유산에 행하는 짓들에 수치심을 느낀다는 뜻이다. 어쩌면 어떤 영국 사람들은 자신들을 브렉시트로 몰고 갔던 이데올로기적 허상에 빠진 일을 부끄러워할 용기를 낼지도 모른다. 그러나 우한과 세계 도처에 고립되어 있는 사람들에게 지금은 수치스럽거나 낙인찍혔다고 느낄 시간이 아니라 오히려 용기를 내 자신들의 싸움을 침착하게 지속해나갈 시간이다. 중국에서 정말로 수치심을 느껴야 하는 유일한 사람들은 자신은 과잉보호하면서 감염병의 위험을 드러내놓고 깎아내렸던 인간들이다. 그자들은 마치 체르노빌 사태를 놓고 아무런 위험이 없다고 공개적으로 주장했으면서도 자신들의 가족은 재빨리 대피시킨 옛 소비에트 공무원들, 혹은 지구온난화를 공공연하게 부정하면서도 이미 뉴질랜드에 저택을 구입했거나 로키산맥에 피난처를

짓고 있는 고위급 관리자 같다. 어쩌면 그러한 이중 잣대를 가진 존재들에 대한 대중적 분노—이미 당국에 투명성을 요구하고 있는 분노—가 이 위기의 뜻하지 않은 긍정적 효과를 만들어낼지도 모른다.

PANDEMIC PANIC

7장

침착하게 당황하라!

우리 언론은 "당황하지 마세요!"라는 상용구를 쉼 없이 반복하는데, 정작 우리가 얻는 모든 데이터는 공황 상태를 불러일으킬 수밖에 없는 것들이다. 이 상황은 공산주의 국가에 살았던 내 젊은 시절의 기억, 정부 관리들이 대중에게 공황 상태에 빠질 이유가 없다고 정기적으로 안심시키던 기억과 닮아 있다. 우리 모두는 그렇게 확신시키는 일이 그들 스스로 공포에 빠져 있는 분명한 증거라고 여겼다.

공황 상태는 그 나름의 논리가 있다. 영국에서 코로나바이러스 공황으로 인해 화장실 휴지 뭉치가 가게에서 사라져버렸다는 사실을 듣자, 젊었을 때 사회주의 국가 시절 유고슬라비아에서 화장지를 둘러싸고 벌어진 희한한 일화 하나가 떠올랐다. 어느 날 갑자기 가게에 화장지가 부족하다는 소문이 돌기 시작했다. 관계당국은 재빨리 성명을 내 평상시 소비할 화장지가 충분히 있으니 안심하라고 알렸다. 놀랍게도 이 말은 사실일 뿐만 아니라 대부분의 사람들 역시 그게 사실이라고 믿었다. 그러나 평균적 소비자라면 다음과 같이 추론했을 터다. 화장지는 충분하고 소문은 사실이 아니란 것을 나도 안다. 하지만 만일 어떤 사람들이 이 소문을 진짜로 믿어서 공포에 빠진 채 화장지를 지나치게 많이 구입하기 시작하고 그래서 화장지가 실제로 부족해진다면? 그러니 여분의 화장지를 사두는 게 좋을 것 같아. 다른 사람들이 소문을 심각하게 받아들일 것이라고 굳이 믿을 필요조차 없다. 어떤 사람들이 그냥 그 소문을 심각하게 받아들일 사람들이 있을 것이라고 가정하는 것만으로도 충분하다. 결과는 마찬가지여서, 가게마다 화장지가 진짜로 동이 난다. 지금 영국과 캘리포니아에서 이와 유사한 일이 벌어지고 있는 것 아닐까?

현재 진행형인 이런 식의 과도한 공포와 정반대되는 예상 밖의 일은, 충분히 그럴 만한데도 공황 상태가 나타나지 않는 것이다. 지난 2년 동안 사스와 에볼라 감염병이 지나간 후에 우리는 새롭고 더 강력한 감염병이 오는 것이 시간문제일 뿐이라는 이야기, 즉 문제는 과연이 아니라 언제라는 이야기를 거듭해서 들었다. 우리는 이 끔찍한 예측들이 진실임을 확신하고 있었지만, 왠지 그 경고들을 진지하게 받아들이지 않았고 심각하게 준비하는 식으로 행동하거나 관여하길 내키지 않아했다. 그 문제를 다룬 유일한 분야는 〈컨테이전〉처럼 대재앙을 다룬 영화들이었다.

이러한 대조가 말해주는 것은 공황이 현실의 위협을 받아들이는 적절한 방식이 아니라는 사실이다. 공황 상태로 반응한다는 것은 우리가 실제로 위협을 심각하게 받아들이지 않는다는 뜻이다. 그렇기는커녕 위협을 사소하게 받아들이는 것이다. 화장실 휴지를 충분히 확보하는 것이 치명적인 감염병의 창궐 중에 중요하리라는 관념이 얼마나 터무니없는지 그냥 한번 생각해보라. 그렇다면 코로나바이러스 감염병에 대처하는 합당한 반응은 무엇일까? 그 감염병에 진지하게 대처하기 위해 우리는 무엇을 배워야 하고 무엇을 해야 하는가?

내가 코로나바이러스 감염병이 공산주의에 새로운 생명의 활기를 불어넣을 수 있다는 생각을 피력했을 때 이 주장은 예상대로 조롱거리가 되었다. 물론 중국이 국가적 차원에서 위기에 강력하게 대응한 것이 통했던 것 같지만, 아니 적어도 이탈리아에서 벌어진 것보다는 훨씬 더 잘 통했지만, 권력을 쥐고 있는 공산주의자들의 낡은 권위주의적 논리는 한계를 선명하게 드러냈다. 사례를 하나 들면, 중국에서는 실제 결과들보다도 공무원들이 권력자들(과 대중)에게 나쁜 소식을 알리는 일을 두려워했다. 이 새로운 바이러스를 처음으로 보고한 사람들이 체포되었던 것이 바로 그 때문이고, 보도에 따르면 감염병이 수그러드는 지금 이와 유사한 현상이 벌어지고 있다고 한다.

코로나바이러스로 인한 봉쇄 이후, 중국을 다시 움직이게 해야 한다는 압력이 오랜 유혹을 다시 불러내고 있다. 즉 데이터를 조작해 고위관료들에게 그들이 보고 싶어하는 것만 보여주는 것이다. 이 현상은 중국 동해안의 산업 중심지 저장성浙江省에서 전기 사용 실태라는 명목으로 벌어지고 있다. 그 지방에서 적어도 세 도시가 지역 내 공장들의 전력 소비 목표량을 지정했다. 이런 문제를 잘 아는 사람들에 따르면 저들이 생산 활동의 재활황을 보여주기 위해 데이터를 이용하려 했다는 것이다. 사람들 말로는 그렇게 발동이 걸리는 바람에 몇몇 산업체에서는 공장이 텅텅 비어 있는데도 기계를 가동했다고 한다.*

권력자들이 이 속임수의 꼬리를 잡게 되었을 때 어떤 일이 벌어

* 「중국의 경제 활성화 조치가 데이터의 우려를 만든다」. "China's push to restart economy revives data worries", 〈www.bloomberg.com〉, 2020년 3월 2일.

질지 역시 짐작할 수 있다. 지역 관리자들은 근무태만으로 고발당해 가혹하게 처벌받을 것이고 그렇게 해서 불신의 악순환이 재생산될 것이다. 감염병에 대처한 중국의 대응 중 은폐된 것들을 중국 인민들에게 폭로하기 위해서는 중국의 줄리언 어산지가 필요하다. 그러나 만일 이런 중국이 내가 염두에 두고 있는 그런 공산주의가 아니라면, 내가 뜻하는 공산주의는 무엇인가? 우리는 그저 세계보건기구에서 공표한 발표문들을 읽어보기만 해도 이해할 수 있다. 최근의 발표문을 살펴보자.

지난 목요일, 세계보건기구 사무총장 테워드로스 아드하놈 거브러여수스는 전 세계 공중보건 당국들이 바이러스 확산과 성공적으로 싸울 능력은 있지만, 세계보건기구로서는 몇몇 국가들의 정치적 의지 수준이 위협 수준에 못 미친다는 점을 우려하고 있다고 말했다. "이것은 훈련이 아닙니다. 지금은 포기할 때가 아닙니다. 핑계를 찾을 때가 아닙니다. 지금은 온갖 노력을 다 기울여야 할 때입니다. 이러한 시나리오에 맞춰 수십 년 동안 준비해온 국가들이 있습니다. 지금은 그 계획들에 맞춰 행동할 때입니다"라고 테워드로스는 말했다. "이 감염병은 물리칠 수 있지만 오직 정부기구 전체가 관여하는 집단적이고 협력적이며 포괄적인 접근법을 통해서만 가능합니다."*

덧붙이자면, 그러한 포괄적 접근법은 단일 정부기구를 훨씬 넘어서서 확장되어야 한다. 그 접근법은 국가의 통제를 벗어나 있는 주민들의 지역 내 통제뿐만 아니라 강력하고 효율적인 국제 협조와 협력을 두루 아울러야 한다. 수천 명이 호흡기 문제로 입원하게 된다면 엄청나게 많은 인공호흡기가 필요할 것이며, 그것들을 확보하기 위해서는 수천 정의 총기가 필요한 전시 상황에 개입할 때와 마찬가지로 국가가 직접 개입해야 한다. 국가는 또한 다른 국가들과의 협력도 추구해야 한다. 군사작전 때와 마찬가지로 정보가 공유되어야 하고 계획들은 충분히 조정되어야 한다. 이상이 내가 오늘날 요구되는 '공산주의'라는 말로 뜻하는 모든 것이다. 혹은 영국의 정치경제학자 윌 허튼의 지적을 참고해도 좋다.

> 위기와 팬데믹에 취약한 규제 없는 자유시장식 지구화의 형태는 지금 확실히 사멸하고 있다. 그러나 상호의존과 증거에 기초한 집단 행동의 우선성을 인정하는 또 다른 형태의 지구화도 생겨나고 있다.

* [원주] 조슈아 베를린저, 「이것은 훈련이 아닙니다」. Joshua Berlinger, "This is not a drill", 〈edition.cnn.com〉, 2020년 3월 6일.

지금 여전히 위세를 떨치고 있는 것은 "각 나라가 자기 맘대로"의 태도다.

> 의료장비 같은 핵심 품목들의 수출을 국가적으로 금지하는 나라들이 있는데, 이는 지역사회 내 물품이 부족한 현실과 주먹구구식 원시적 봉쇄를 시행하는 와중에 자체적으로 진단한 위기 분석에 의거하고 있다.*

코로나바이러스 감염병은 시장 중심 지구화의 한계만을 표시하는 것이 아니고, 완전한 국가 주권을 주창하는 국수주의적 포퓰리즘의 훨씬 더 심각한 한계 또한 알려준다. "미국 (혹은 어디가 되었든) 먼저!"의 시대는 지나갔다. 미국은 오직 전 지구적 협조와 협력을 통해서만 지켜질 수 있기 때문이다. 나는 여기서 유토피아를 말하려는 것도 아니고, 민중 간의 이상화된 연대에 호소하려는 것도 아니다. 그렇기는커녕 현재의 위기는, 어떻게 전 지구적 연대와 협력에 우리 모두와 우리 개개인의 생존의 이해관계가 걸려 있는지, 그리고 어떻게 그 연대와 협력이 우리가 실행해야 할 유일하

---

* [원주] 윌 허튼, 「바이러스는 전 지구화를 끝내지 못하지만 크게 개선할 것이다」. Will Hutton, "Coronavirus won't end globalization, but change it hugely for the better", 〈www.theguardian.com〉, 2020년 3월 8일.

게 합리적이고 자기중심적 행동인지 선명하게 증명한다. 이는 단지 코로나바이러스에 한정되지 않는다. 중국부터가 몇 달 전 어마어마한 돼지독감을 겪었고, 지금은 메뚜기떼가 습격하리라는 전망에 위협을 느끼고 있다. 그리고 오웬 존스가 지적했듯, 기후 위기는 코로나바이러스보다 훨씬 더 많은 전 세계 사람들을 죽이고 있지만, 이 때문에 사람들이 공황에 빠지지는 않는다.*

냉소주의적이고 생기론적인 관점에서 보면, 마치 반쯤 썩은 잡초들을 뽑아내 더 어리고 건강한 작물들이 성장할 수 있는 기회를 주듯, 우리는 코로나바이러스를 인류 중 노인, 약자, 병자를 제거해서 전 지구의 건강 증진에 기여하는 이로운 감염병이라고 보고 싶은 유혹에 빠질 수 있다. 내가 지금 권하고 있는 넓은 의미의 공산주의적 접근법이야말로 그러한 원시적 관점을 떨쳐버릴 수 있는 유일한 길이다. 조건 없는 연대를 축소하려는 조짐들도 벌써 현재 진행되는 논쟁들에서 확인할 수 있다. 영국에서 이 감염병이 더 참혹한 방향으로 진행될 경우를 다룬 글 가운데 '세 명의 현자'의 역할을 두고 쓰인 다음의 언급에서도 이 사실이 드러난다.

---

* [원주] 오웬 존스, 「기후 위기도 코로나바이러스처럼 다루자」. Owen Jones, "Why don't we treat Climate Crisis with the same urgency as Coronavirus?", 〈www.theguardian.com〉, 2020년 3월 5일.

영국에서 심각한 코로나바이러스 집단감염이 진행되는 가운데, 만일 집중치료 병동들이 대처에 애를 먹는다면 국민건강서비스NHS에 등록된 환자들까지도 구명치료를 거부당할 수 있다고, 선임 의사들이 경고했다. 병원들이 환자로 넘쳐나서 마비되는 사태가 온다면, 이른바 '세 명의 현자' 지침에 따라, 각 병원에 있는 세 명의 선임 상담자들이 산소호흡기와 병상 치료 등의 배분 면에서 어쩔 수 없는 결정을 내려야 할 수도 있다.*

과연 '세 명의 현자'는 어떤 기준에 의거할 것인가? 가장 병약한 사람들과 가장 나이 많은 사람들? 이런 상황이 오게 되면 엄청난 타락의 여지가 열리는 것이 아닐까? 그러한 절차들은 우리가 적자생존이라는 논리를 가장 잔혹하게 수행할 준비가 되어 있다는 것을 뜻하지 않는가? 그렇다면 또다시, 우리 앞의 선택은 야만이냐 아니면 어떤 형태로든 재발명된 공산주의냐다.

---

* [원주] 숀 린튼, 「코로나바이러스: 가장 허약한 환자들은 구명치료를 거부당할 수 있다」. Shaun Lintern, "Coronavirus: Weakest patients could be denied lifesaving care", 〈www.independent.co.uk〉, 2020년 2월 26일.

PANDEMIC

8장

감시와 처벌? 네, 좋아요!

PANIC

코로나바이러스 감염병이 어떻게 서구사회에서 지금껏 상상할 수 없었던 통제 조치와 규제 조치들을 정당화하고 합법화했는지, 많은 자유주의자들과 좌파 논평자들이 지적했다. 분명 이탈리아 전역을 봉쇄한 조치는 전체주의자의 가장 강렬한 열망을 실현한 일일 것이다. 현재 상태로만 보면 광범위하게 디지털화된 사회적 통제 시스템을 갖춘 중국이 이 처참한 감염병에 대처하는 데 가장 잘 준비된 국가였다. 이 말은 적어도 어떤 면에서는 중국이 우리의 미래라는 뜻인가?

이탈리아 철학자 조르조 아감벤은 코로나바이러스 감염병을 두고 대부분의 논평자들과는 완전히 다른 방식으로 반응했다.* 아감벤은 그저 또 다른 유행성 독감의 변종인 "감염병으로 추정되는 코로나바이러스를 막기 위해 취해진, 광적이고, 비합리적이며, 전혀 근거 없는 비상 조치들"을 개탄했다. 그는 이렇게 물었다. "왜 언론과 정부당국은 공황 분위기를 조성하기 위해 무진 애를 쓰고 그렇게 해서 이동에 엄격한 제한을 두고 모든 지역에서 일상생활과 노동 활동을 중단시키며 진짜 예외 상태를 부추기는 것일까?"

아감벤은 이 "터무니없이 과도한 대응"이 벌어진 주된 이유가 "예외 상태를 일상적인 지배의 패러다임으로 삼으려는 경향"에 있다고 본다. 비상 상황에서 내려진 조치들 덕분에 정부는 행정명령을 통해 우리의 자유를 심각하게 제한할 수 있다.

이탈리아 국립연구위원회NRC의 말마따나 매년 우리에게 영향을 끼치는 것들과 크게 다르지 않은 평범한 독감에 불과한 바이러스의 위협에 비해, 이러한 제한 조치들은 분명 과도하다. 예외 조치들을 정당화하는 데 테러리즘의 쓸모가 바닥나자, 감염병을 발명함으로써 어떤 제약도 받지 않고 그러한 조치들을 확장할 수 있는 이상적인 구실을 찾아냈다고 할 수 있다. 또 다

---

* [원주] 조르조 아감벤, 「예외 상태가 근거 없는 비상 상황에 발효되었다」. Giorgio Agamben, "The state of exception provoked by an unmotivated emergency", 〈positionswebsite.org〉, 2020년 2월 26일.

른 이유는 공포 상태 조성인데, 이는 최근 몇 년 동안 개인의 의식에까지 침윤해 실제로 집단적 공황이 요구되는 상황으로 바뀌고 있다. 이 일에 감염병은 다시 한번 안성맞춤의 핑곗거리를 제공한다.*

아감벤은 현재 진행형인 감염병 상황에서 국가적 통제가 작동하는 중요한 측면을 설명하고 있지만, 의문의 여지가 있는 질문들이 떠오른다. 국가권력을 향한 불신—"국가가 무기력해, 제대로 대응을 못해"—이 수반되고 자본의 원활한 재생산을 방해하는 공황 상태를 조장하는 데 국가권력이 왜 관심을 갖겠는가? 국가의 지배력을 개선하기 위해 전 지구적 경제 위기를 촉발하는 일이 정말로 자본과 국가권력의 이익에 부합할까? 평범한 국민들뿐 아니라 국가권력 자체도 이 상황을 통제할 수 없다는 사실을 깨닫고 공황 상태에 빠졌다는 증거들이 분명히 있지 않은가? 이 증거들이 정말로 한갓 책략에 불과하다는 것인가?

아감벤의 반응은 널리 퍼져 있는 좌파들의 입장 가운데 극단적 형태에 불과하다. 좌파 진영은 바이러스로 인한 "공포"를 "침소봉대한" 것으로, 트럼프의 "중국 바이러스" 언급처럼 노골적인 인종

* 같은 글.

차별주의 요소들과 결합된 사회적 통제의 실행으로 해석한다. 그렇지만 그러한 사회적 해석은 위협이 존재하는 현실을 사라지게 하지 못한다. 이런 현실이 우리의 자유가 실질적으로 위축되도록 밀어붙이는 것일까? 물론 격리 및 이와 유사한 조치들은 우리의 자유를 제한하기 때문에, 첼시 매닝, 줄리언 어산지, 에드워드 스노든의 뒤를 잇는 새로운 활동가들이 등장해 조치들의 남용 가능성을 폭로하는 일이 필요하다. 그러나 바이러스 감염의 위협은 새로운 형태의 지역적이고 전 지구적인 연대를 엄청나게 촉진시켰으며, 권력 자체를 통제할 필요도 한층 더 분명히 보여주었다. 민중이 국가권력에 책임을 묻는 것은 옳은 일이다. 당신들은 권력이 있으니, 무엇을 할 수 있는지 지금 우리에게 보여달라! 유럽이 직면한 과제는 중국에서 행한 일이 훨씬 더 투명하고 민주적인 방식으로 이루어질 수 있다는 사실을 증명하는 것이다.

중국은 서구 유럽과 미국이 스스로 망가지는 것을 감수하지 않는 이상 허용하지는 않을 법한 조치들을 도입했다. 단도직입적으로 말하면, 모든 형태의 탐지와 선별을 즉각적으로 "감시"라고, 적극적 통치를 "사회적 통제"라고 해석하는 일은 잘못이다. 우리에게는 국가의 개입을 표현하는 색다르고 좀 더 미묘한 용어가 필요하다.*

모든 것이 이 "좀 더 미묘한 용어"에 달려 있다. 감염병으로 인해 불가피해진 조치들을 푸코 같은 사상가들이 설파했던 감시와 통제라는 통상적 패러다임으로 즉시 환원하지 말아야 한다. 오늘날 중국과 이탈리아에서 취한 조치들보다 더 두려운 것은 이들 국가가 이 조치들을 감염병을 다루고 봉쇄하는 데 쓰지 않는 일, 정부 당국이 진짜 데이터를 조작하고 은폐하는 일이다.

극우 진영과 사이비 좌파들은 한결같이 감염병의 현실을 온전히 받아들이길 거부하며, 각자 사회구성주의적 환원을 내세우면서 문제를 희석시키는 데, 다시 말해 사회적 의미를 위해 감염병의 현실을 무시하는 데 여념이 없다. 트럼프와 그 추종자들은 감염병을 두고 민주당과 중국이 트럼프의 대통령 선거 패배를 위해 꾸민 음모라고 거듭해서 주장한다. 반면 어떤 좌파 진영은 국가와 보건기구들이 내놓은 조치들이 외국인 혐오로 오염되었다고 거부하며, 악수를 지속하는 행위로 상징되는 사회적 교류를 계속해야 한다고 주장한다. 그러한 입장은 현재의 역설을 놓치고 있다. 악수하지 않고 필요하면 고립되는 것이야말로 지금의 연대 형태다.

그 누가 앞장서서 악수와 포옹을 계속할 여유가 있겠는가? 소수

* [원주] 이 인용은 [미국의 사회학자이자 건축가, 디자인 이론가] 벤저민 브래튼과의 사적인 대화에서 가져왔다.

의 특권층, 바로 그들이다. 보카치오의 『데카메론』은 젊은 여자 일곱 명과 젊은 남자 세 명이 도시를 엄습한 역병을 피해 피렌체 근교의 외딴 저택에 머물면서 들려주는 이야기들의 모음이다. 금융 엘리트들은 이와 비슷하게 외딴 지역으로 물러나 『데카메론』식으로 이야기를 나누며 시간을 즐길 것이다. 그동안 우리 평범한 대중은 바이러스와 동거해야 할 터다.

특히 내가 성가시게 느끼는 일은 우리 언론과 다른 권력기관들이 폐쇄와 취소 조치를 공표할 때 어떻게 한결같이 특정한 시간제한을 두어서, 예컨대 "학교는 4월 4일까지 휴교한다"라고 알리느냐는 것이다. 신속하게 다다라야 할 것만 같은 정점이 지나면 모든 일이 일상으로 돌아갈 것이라고, 다들 크게 기대하고 있다. 다들 이런 추세라서, 나는 참석하기로 되어 있던 한 대학의 심포지엄이 9월로 연기되었다는 연락을 한참 전에 받았다. 문제는 비록 삶이 결국 어떤 식으로든 일상과 흡사한 것으로 돌아가겠지만 집단감염 이전의 경험과 동일한 일상은 아닐 것이라는 점이다. 우리는 우리가 일상의 한 부분으로 익숙하게 대하던 일들을 더 이상 당연하게 받아들이지 못할 것이며, 늘 위협에 시달리는 훨씬 더 취약한 삶을 사는 법을 배워야 할 것이다. 우리는 삶을 대하는 태도, 다른 생명체들 가운데서 살아가는 존재로서 우리 실존을 대하는 태도 전부를 바꿔야 할 것이다. 다시 말해 '철학'이 우리 삶의 기본적 지향을 가리키는 이름으로 이해된다면, 우리는 진정한 철학 혁명을 체험해야 할 것이다.

이 논점을 더 확실하게 표현하기 위해 널리 알려진 정의 하나를 소개해보자. 바이러스는 "대체로 초미세한 형태의 다양한 감염원 중 하나로, 단백질 외피 내부의 RNA나 DNA 같은 핵산으로 구성되어 있다. 동물, 식물, 박테리아를 감염시키며 살아 있는 생명체 내에서만 증식한다. 바이러스는 생명이 없는 화학적 단위로 취급되며, 때로는 살아 있는 유기체들로 간주된다."* 이 생명과 죽음 사이의 진동이 핵심이다. 바이러스는 일반적 의미에서 살아 있는 것도 죽어 있는 것도 아니다. 그것은 일종의 산 주검living dead이다. 바이러스는 복제하려는 충동을 지녔다는 점에서는 살아 있지만, 일종의 바닥 상태 생명이다. 죽음충동의 생물학적 구현체라기보다는 가장 미천한 수준의 반복과 증식을 일삼는 생명체의 생물학적 구현체다. 그렇지만 바이러스는 거기서 좀 더 복잡한 생명체가 진화하는 기초적 생명의 형태가 아니다. 바이러스는 순전히 기생적이며, 더 발달한 유기체들을 감염시킴으로써 스스로를 복제한다. (바이러스가 우리 인간을 감염시키면, 우리는 그저 바이러스의 복사기로 기능한다.) 이 상반된 것들—기초적 비생명체와 기생적 생

---

* https://www.yourdictionary.com의 바이러스 항목 설명.

명체—의 우연한 만남에 바이러스의 신비가 놓여 있다. 바이러스는 19세기에 활동한 독일 철학자 셸링이 "전혀 지양될 수 없는 잔여der nie aufhebbare Rest"라고 부른 것의 한 사례다. 더 고차원적 증식 메커니즘이 오작동해 출현한 산물로서 그 메커니즘을 계속해서 괴롭히는(감염시키는) 가장 밑바닥 생명체의 잔여물이며, 고차원적 생명체에 종속된 한 계기로 결코 재통합될 수 없는 잔여물이다.

우리는 여기서 헤겔이 사변적 판단이라고 부른 것, 즉 최상과 최하의 동일성에 관한 주장과 마주친다. 헤겔이 제시한 가장 유명한 예시는 『정신현상학』의 골상학 분석에 나오는 "정신은 뼈다"라는 언급인데, 우리가 취할 것은 "정신은 바이러스다"가 마땅하다. 인간의 정신은 인간이라는 동물에 기생하는 일종의 바이러스로서, 자기재생산을 위해 인간의 몸을 착취하며, 때로는 파괴하겠다고 위협한다. 게다가 그 정신의 매개체가 언어인 한에서, 우리는 언어가 또한 가장 기초적인 수준에서 무언가 기계적인, 즉 우리가 배우고 따라야 하는 규칙들의 문제임을 잊어서는 안 된다.

리처드 도킨스*는 후천적 문화소인 밈meme을 두고 "마음의 바이러스"라고, 즉 인간의 힘을 "서식지로 만들어" 스스로를 복제하는 수단으로 삼는 기생적 존재라고 주장했다. 이 관념을 고안한 인

---

* 영국의 동물행동학자이자 진화생물학자. 『이기적 유전자』, 『만들어진 신』 등을 저술했다.

물은 다름 아닌 톨스토이였다. 톨스토이는 대체로 도스토옙스키보다 훨씬 흥미가 떨어지는 작가, 도스토옙스키의 실존적 고뇌에 비하면 기본적으로 아무런 존재감도 없는 대책 없이 한물간 근대 시대의 사실주의자로 여겨진다. 그러나 어쩌면 지금이 톨스토이를, 그리고 예술과 인간 일반을 다루는 그의 독특한 이론을 완전히 갱생시켜야 할 시간인 것 같다. 그 이론에서 우리는 도킨스의 밈 관념이 메아리치고 있음을 발견한다. "한 인간은 감염된 두뇌를 지닌 원인류hominid로서 수백만 개의 문화적 공생자들symbionts의 숙주이며, 이들의 핵심 협력자는 언어로 알려진 공생적 시스템이다."* (인용한 데닛**의 이 구절은 톨스토이 아닌가?) 톨스토이 인류학의 기본 범주는 감염이다. 개별 인간 주체는 전염성 있는 세균처럼 한 인간에게서 다른 인간에게로 퍼져가는, 감정이 실린 문화적 요소들에 감염된 수동적이고 텅 빈 매개체다. 톨스토이는 여기서 끝까지 나아간다. 그는 진정한 정신의 자율성을 이 감정적 감염의 확산에 대립시키지 않는다. 그는 전염성 세균을 제거함으로써 성숙하고 자율적인 윤리적 주체로 우리 스스로를 길러내는 영웅적 전망을 제시하지 않는다. 유일한 투쟁은 좋은 감염과 나쁜 감염 간의

---

* [원주] Daniel C. Dennett, *Freedom Evolves*, New York: Viking, 2003, 173쪽. 대니얼 데닛, 『자유는 진화한다』, 이한음 옮김, 동녘사이언스, 2009.

** 미국의 철학자, 인지과학자.

싸움뿐이다. 톨스토이에게는 좋은 감염이지만, 기독교도 그 자체로는 감염이다.

어쩌면 이것이야말로 우리가 현재 진행형인 바이러스 감염병으로부터 깨우칠 수 있는 가장 불편한 진실일 것이다. 자연이 바이러스로 우리를 공격하는 것은 어떤 면에서 우리에게 우리 자신의 메시지를 돌려주는 일이란 사실이다. 그 메시지는 이렇다. 네가 나에게 했던 짓을 내가 지금 너에게 하고 있다.

P A N D E M I C

9장

인간의 탈을 쓴 야만이 우리의 운명인가?

P A N I C

요즘 나는 때로 바이러스에 걸리고 싶어하는 나를 발견한다. 그렇게 되면 차라리 저 기운 빠지는 불확실성은 끝날 테니까. 내가 자꾸 불안해한다는 분명한 징조는 잠을 대하는 방식에서 나타난다. 일주일 전까지만 해도 나는 저녁이 끝나기를 무던히 기다렸다. 그때쯤 잠으로 달아나서 낮 생활의 두려움을 잊을 수 있었기 때문이다. 지금은 거의 정반대다. 나를 괴롭히는 악몽 때문에 잠들기 두려워하면서, 공포에 겨워 깨어 있게 된다. 악몽은 나를 기다리고 있는 현실과 관련이 있다.

어떤 현실인가? (지금부터 이어지는 생각의 타래는 알렌카 주판치치*에게 신세진 것이다.) 요즘 우리는 현재 진행형인 감염병이 몰고 올 결과들에 대처하기 원한다면 근본적 사회 변화가 필요하다는 이야기를 자주 듣는다. 이 짧은 책이 증언하듯, 나 자신도 이 금언을 퍼뜨리고 다니는 사람 중 하나다. 그러나 근본적 변화는 이미 생겨나고 있다. 코로나바이러스 감염병은 우리가 전에는 불가능하다고 생각하던 어떤 것과 마주할 수 있게 한다. 우리가 알고 있던 세계는 운행을 멈추었고, 온 나라에서 봉쇄를 시행 중이며, 우리 가운데 많은 사람이 불확실한 미래를 마주한 채 집에 고립되어 있다. 미래에는 우리 대부분이 살아남을 수 있겠지만, 모르긴 몰라도 거대한 경제적 위기가 올 것이다. 우리가 무엇을 해야 할지 묻는 이 모든 것에 대한 우리의 대응 역시 불가능한 것이어야 할 터다. 즉 현존하는 세계질서의 좌표들 내에서는 불가능한 것이어야 한다. 불가능한 일이 벌어졌고, 우리 세상은 멈춰섰으며, 최악을 피하기 위해 필요한 조치도 불가능한 것이다. 그 불가능한 일이 과연 뭘까?

내 생각에 가장 큰 위협은 공공연한 야만, 대중적 무질서를 동반한 거친 생존주의survivalism의 폭력, 공포에 찬 린치 같은 짓으로 퇴행하는 것이 아니다. (물론 보건서비스와 몇몇 다른 공공서비스가 몰락하면 이 또한 가능한 일이다.) 나는 공공연한 야만보다 인간의 탈

---

* 슬로베니아 철학자.

을 쓴 야만이 더 두렵다. 유감과 때로는 동정심도 곁들여져 시행되지만 전문가의 견해로 정당성을 얻는, 저 가차없는 생존주의적 조치들 말이다. 세심한 관찰자라면 권력을 쥐고 있는 자들이 우리에게 말을 건네는 방식에서 느껴지는 어조의 변화를 금방 눈치챘을 것이다. 그들은 평정과 자신감을 내비치려고 노력할 뿐 아니라 끔찍한 예측들을 주기적으로 입에 올리고 있다. 그들의 말마따나 이 팬데믹이 수명을 다하기까지는 2년 정도가 걸릴 것이며 바이러스는 결국 전 세계 인구의 60퍼센트에서 70퍼센트를 감염시키고 수백만 명을 죽음에 이르게 할 것이다. 요컨대 권력 지도층의 진짜 메시지는 우리 사회 윤리의 주춧돌인 노인과 약자의 치료를 축소해야 한다는 이야기다. 이미 이탈리아에서는 상황이 더 악화된다면 80세 이상의 노인들과 다른 심각한 지병을 앓고 있는 사람들이 그냥 죽게 내버려두겠다고 선언했다. 우리는 그러한 '적자생존'의 논리를 수용하는 일이 군사윤리의 기본 원리조차 위반하는 것임을 따져 물어야 한다. 군사윤리에 따르면 전투가 끝난 다음에는 생명을 구할 확률이 극히 희박할지라도 중상 입은 병사를 먼저 돌봐야 한다. 오해를 피하기 위해, 여기서 나는 철저한 현실주의자를 자처한다고 주장하고 싶다. 우리는 불치병에 걸린 환자들에게 고통 없는 죽음을 주고 불필요한 고통을 덜어줄 약물을 제공해야 한다. 그러나 우리의 최우선 원칙은 경제 원리를 따지지 말고 조건 없이,

비용에 상관없이, 도움이 필요한 사람들이 살아남을 수 있도록 지원한다는 것이어야 한다.

그래서 나는 지금 진행되는 위기를 다음과 같은 징후로 보는 아감벤과 정중하게 의견을 달리한다.

> 우리 사회는 이제 헐벗은 삶 말고는 아무것도 믿지 않는다. 이탈리아 사람들이 실질적으로 모든 것—일상적인 삶의 조건들, 사회적 관계들, 일, 우정, 애정, 종교적이며 정치적인 신념들—을 병에 걸릴 위험 때문에 희생시킬 요량이라는 사실은 분명하다. 헐벗은 삶—과 그것을 잃어버릴 위험—은 사람들을 하나로 묶는 것이 아니라 그들을 눈멀게 하고 갈라놓는다.*

사정은 훨씬 더 애매하다. 사망 위협은 정말로 사람들을 하나로 뭉치게도 한다. 나 또한 보균자일 수 있기에, 물리적 거리를 유지하는 것은 다른 사람을 존중하는 일이다. 지금 내 아들들은 나를 감염시킬까 봐 걱정하며 나를 피하고 있다. 그 아이들에게는 지나가는 질병에 불과할 것이 나에게는 치명적일 수 있다. 냉전 시대에 생존 법칙이 매드, 즉 상호확증파멸이었다면 지금의 법칙은 또 다

---

* [원주] 조르조 아감벤, 「해명들」. Giorgio Agamben, "Clarifications", 〈itself.blog〉, 2020년 3월 17일.

른 매드, 즉 상호확증거리*다.

최근 우리는 우리 각자가 스스로를 돌보아야 하며 새로운 규칙들을 따라야 한다는 이야기를 거듭해서 듣고 있다. 언론상에는 경솔하게 행동해서 자신과 다른 사람들을 위험에 빠뜨린 사람들 이야기로 가득하다. 감염된 한 남성이 가게에 들어가 모두에게 기침을 한다는 둥 그런 식의 이야기 말이다. 이런 보도의 문제는 환경 위기를 다루는 언론 보도의 경우와 동일하다. 언론은 그 문제를 둘러싼 개인의 책임을 지나치게 강조하고, 우리에게 재활용과 다른 행동 요령 문제에 더 많은 주의를 기울이라고 다그친다. 그렇게 개인의 책임에 초점을 맞추는 것은 어느 정도 필요한 일이긴 하지만, 그것은 우리의 경제적이고 사회적인 시스템 전체를 어떻게 바꿀 것인가 하는 더 커다란 문제들을 흐릿하게 만드는 순간 이데올로기로 작동한다. 코로나바이러스에 대항하는 싸움은 이데올로기적 신비화에 맞서는 싸움과 동시에 진행될 수밖에 없으며, 일반적인 생태주의 투쟁의 일환으로만 가능하다. 케이트 존스**가 지적했듯, 야생에서 인간으로 병이 전이되는 일은 "인류의 경제적 발

---

* 상호확증파멸(MAD: Mutually Assured Destruction). 핵무기를 지닌 두 국가가 전쟁을 벌이면 둘 다 망하는 것이 확실하므로 전쟁이 억제된다는 논리. 상호확증거리(MAD: Mutually Assured Distance.)

** 유니버시티 칼리지 런던의 생태학 및 생물다양성학 교수.

전의 숨겨진 비용이다."

> 그저 모든 환경에서 우리 인간이 그저 너무나 많이 존재할 따름이다. 우리는 사람 손길이 거의 닿지 않은 곳에 들어가 [바이러스에] 점점 더 노출되고 있다. 바이러스가 전염되기 훨씬 쉬운 장소에 주거지를 만들며, 그러고 나서는 새로운 바이러스가 생겼다고 놀라워한다.*

그렇다면 인간을 위한 일종의 전 지구적 통합 건강관리 시스템을 만드는 것으로는 충분치 않으며, 자연이 통째로 포함되어야 한다. 바이러스는 인류 식량의 주된 원천인 작물들도 공격한다. 우리는 우리가 살고 있는 세계의 전 지구적 상황, 그리고 이것이 함축하는 모든 역설을 항시 명심해야 한다. 예컨대 중국의 코로나바이러스 봉쇄 조치가 바이러스로 사망한 사람들의 수보다 더 많은 목숨을 구했다는 사실을 아는 것은—물론 공식 집계를 믿는다면—좋은 일이다.

---

* [원주] 존 비달, 「빙산의 일각: 자연의 파괴가 코로나바이러스의 원인일까?」. John Vidal, "'Tip of the iceberg': is our destruction of nature responsible for Covid-19?", 〈www.theguardian.com〉, 2020년 3월 18일 인터뷰.

환경자원경제학자 마셜 버크는 열악한 대기질과 그 공기를 호흡함으로써 발생하는 조기사망 간의 연관성이 입증되었다고 말한다. 그는 "이를 고려했을 때 떠오르는 자연스러운—이 표현은 여러모로 이상하지만—의문은 코로나19가 불러온 경제적 혼란으로 인해 공해가 줄어드는 바람에 구하게 된 목숨들이 바이러스 자체로 인한 사망자들을 능가하는지 여부"라고 말한다. "아무리 줄여 추정해보아도 내 생각에 그 대답은 분명 '그렇다'다." 그는 단 두 달 동안의 오염 감소만으로도 중국에서만 5세 이하 어린이 4000명의 목숨과 70세 이상 성인 7만 3000명의 생명을 구한 것으로 볼 수 있다고 말한다.*

우리는 세 겹의 위기에 처해 있다. 의료 위기(감염병 자체), 경제 위기(감염병의 결과가 어떻게 되든 극심한 손해를 입을 것이다), 심리적 위기. 수백만 명의 일상생활의 기본 좌표들이 붕괴되고 있으며, 이런 변화는 휴가를 위한 항공 여행에서 단순한 육체적 접촉에 이르기까지 모든 것에 영향을 줄 것이다. 우리는 주식시장과 이윤이라는 좌표들 바깥에서 사유하는 법을 배워야 하며, 그야말로 필요

* [원주] 라이언 모리슨, 「코로나바이러스 발생 이후 중국이 수천 명의 생명을 구했다」. Ryan Morrison, "Thousands of lives have been saved in China since Coronavirus", 〈www.dailymail.co.uk〉, 2020년 3월 17일.

한 자원들을 생산하고 조달하는 또 다른 방법을 찾아야 한다. 한 기업이 수백만 개의 마스크를 비축한 채 내다팔기 적당한 때를 기다리고 있다는 사실을 관계 당국이 알게 된다면, 그 기업과는 어떠한 협상도 해서는 안 되고 그 마스크들을 무조건 몰수해야 한다.

언론은 트럼프 대통령이 독일 튀빙겐 소재 바이오제약회사 큐어백에 10억 달러를 제시하며 "미국만을 위한" 코로나바이러스 백신을 확보하려 했다고 보도했다. 독일 보건부 장관 옌스 슈판은 트럼프 행정부의 큐어백 인수는 "일고의 가치도 없다"라고 말했다. 큐어백은 "특정한 국가가 아니라 전 세계를 위해" 백신을 개발할 뿐이라는 것이다. 여기서 우리는 민영화/야만과 공동체주의/문명 사이의 싸움이 진행되는 전형적 사례를 목격한다. 그렇지만 동시에 트럼프는 정부가 민간 부문에 지시해 비상시 의료장비들의 생산을 독려하도록 하는 '국방물자조달법Defense Production Act'을 꺼내들 수밖에 없었다.

> 트럼프는 민간 부문 인수 제안을 공표했다. 미국 대통령은 팬데믹에 대응해 정부의 민간 부문 통제를 허용하는 연방조항을 발동하겠노라 말했다고 AP 통신이 보도했다. 트럼프는 "필요할 경우" 자신에게 국내 산업 생산을 감독할 수 있는 권한을 부여하는 법안에 서명하겠다고 말했다.*

최근 나는 이 위기를 빠져나올 수 있는 방도가 '공산주의'의 형태라고 했다가 여러 군데서 비웃음을 샀다. 그런데 지금 우리는 "트럼프가 민간 부문 인수 제안을 공표했다"라는 기사를 읽고 있다. 감염병 발생 전에 그러한 기사 제목을 상상이나 할 수 있었을까? 게다가 이것은 그저 시작에 불과하다. 만일 국가가 운영하는 보건 시스템이 너무나 과도한 압박을 받아 붕괴된다면 이런 종류의 조치들이 더 많이 필요해질 것이며, 지역 공동체들의 자기조직화 또한 절실해질 것이다. 단지 격리하고 생존하는 것만으로는 충분치 않다. 이 조치가 작동하기 위해서는 기초적인 공공서비스가 계속해서 기능해야 하기 때문이다. 전기, 수도, 식량, 의약품 들이 지속적으로 제공되어야 한다. 곧 우리는, 병에서 회복되어 적어도 당분간 긴급한 공공노동에 동원될 수 있을 정도로 면역이 생긴 사람들의 명단이 필요할 것이다. 이는 유토피아적 공산주의의 전망이 아니다. 최소한의 생존을 위해 실행되는 공산주의다. 애석하게도 이 공산주의는 1918년 소비에트연방에서 "전시 공산주의war Communism"라고 불렀던 것의 변종이다.

진보적 의제들 가운데는 강경한 '애국자 자격증'을 지닌 보수주

---

* [원주] 케빈 롤린슨, 「코로나바이러스 속보: 2020년 3월 18일」. Kevin Rawlinson, "Coronavirus latest: 18 March at a glance", 〈www.theguardian.com〉, 2020년 3월 18일.

의자만이 할 수 있는 것들이 있다. 오직 드골만이 알제리 독립을 선언할 수 있었고, 닉슨만이 중국과 수교를 맺을 수 있었다. 두 경우 모두 어떤 진보적 대통령이 그러한 일들을 하려고 했다면, 즉각 국가의 이해관계를 배반했다는 비난에 처해졌을 것이다. 마찬가지 상황이 지금 트럼프에게도 해당된다. 그는 민간기업들의 자유를 제한하고 그들에게 코로나바이러스와 싸우는 데 필요한 것들을 생산하라고 강제할 수 있다. 만일 오바마가 그렇게 하려고 했다면, 우익 진영의 포퓰리스트들은 의심할 여지 없이 분노에 차서 폭발했을 것이다. 대통령이 미국에 공산주의를 도입하기 위해 보건 위기를 이용하려 한다고 소리를 높였을 것이다.

옛말에 이르듯, 위기의 시절에는 우리 모두가 사회주의자다. 트럼프조차 지금 모든 성인 시민권자에게 1000달러짜리 수표를 지급하는 전국민기본소득Universal Basic Income 도입을 고려하고 있다. 수조 달러가 모든 관행적 시장 법칙을 위반하는 데 쓰일 것이다. 그러나 이런 일이 어떻게 어디에서 일어날지는 여전히 불분명하다. 또, 누구 좋으라고 벌이는 일인가? 이러한 강제된 사회주의는 2008년 수백만 명의 평범한 사람들이 소액 저축금을 잃은 반면 은행들은 지급 보증을 받았던 경우처럼 부자를 위한 사회주의가 되고 말 것인가? 이 감염병은 나오미 클라인*이 "재난 자본주의disaster capitalism"라고 부른 길고 서글픈 이야기에 실린 또 하나의 장에 그치고 말 것인가? 아니면 이 위기로부터 새롭고 더 균형 잡힌, 게다가 아마도 더 온건한 세계질서가 탄생할 것인가?

오늘날 모두가 우리의 사회 경제 시스템을 바꾸어야 할 것이라고 말한다. 그러나 최근 토마 피케티가 〈누벨 옵세르바퇴르〉에 기고한 논평에서 지적했듯이, 정말로 중요한 것은 그 시스템을 어떻게 바꿀 것인지, 어떤 방향으로 바꿀 것인지, 어떤 조치들이 필요한지의 문제다.** 지금 널리 퍼져 흔히 접할 수 있는 달콤한 말은 지금 우리 모두 이 위기를 함께 겪고 있는 만큼 정치는 잊고 오직 우리 스스로를 구하기 위해 힘을 합쳐야 한다는 것이다. 이 생각은 틀렸다. 지금이야말로 진짜 정치가 필요하다. 연대를 위한 결단은 대단히 정치적인 것이다.

---

* 캐나다의 작가, 영화감독, 사회운동가.

** [원주] 토마 피케티, 「세계 경제의 위기」. Thomas Piketty, "Crise économique mondiale", 〈www.nouvelobs.com〉, 2020년 3월 15일.

P A N D E M I C

10장

공산주의냐 야만이냐, 아주 간단해!

P A N I C

나는 코로나바이러스 감염병이 공산주의의 형태를 초래할 것이라고 거듭 시사하고 난 뒤 알랭 바디우와 한병철과 다른 많은 인물들에게, 우파에서 좌파에 이르기까지 두루 비판받았고 심지어 조롱당하기도 했다.* 여러 비판적 목소리들의 불협화음에 담긴 기본적 취지는 쉽사리 추측할 수 있었다. 자본주의는 더 강고한 형태로 복귀해, 감염병을 하나의 재난부양책disaster boost으로 삼을 것이라는 이야기다. 우리는 모두 중국에서 했던 방식대로 국가기구가 우

* [원주] 한병철, 「우리는 바이러스에게 이성을 넘겨주어서는 안 된다」. Byung-Chul Han, "Wir dürfen die Vernunft nicht dem Virus überlassen", 〈www.welt.de〉, 2020년 3월 23일.

리 삶을 완전히 통제하는 일을 의료상 불가피한 조처로 묵묵히 받아들일 것이다. 생존을 다투는 공황 상태는 대단히 탈정치적으로, 다른 사람들을 같이 싸우는 동지가 아니라 치명적 위협으로 느끼게 만든다. 한병철은 동양과 서양의 문화 차이들을 거론하며 몇 가지 특별한 통찰을 덧붙였다. 선진화된 서구 국가들이 과도하게 반응하는 이유는 진짜 적이 없는 삶을 사는 데 익숙해져 있기 때문이라는 것이다. 개방되어 있고 관용적이기 때문에, 면역의 메커니즘이 결핍되어 있기 때문에, 진짜 위협이 등장했을 때 사람들은 공황 상태에 빠져버린다. 그런데 선진화된 서구가 정말로 내세우는 것만큼 그렇게 포용적일까? 생태적 파국의 위협들, 무슬림 난민들에 대한 공포, LGBT와 젠더 이론들에 맞선 전통문화의 발작에 가까운 방어같이, 서구의 모든 정치사회 영역은 묵시록적 비전들에 온통 침윤되어 있지 않은가? 누군가 그냥 지저분한 농담 하나를 말하려고 해보기만 해도 금세 정치적 올바름의 검열을 느끼게 될 것이다. 서구사회의 포용력은 수년 전에 그 반대로 바뀌어버렸다.

게다가 강제된 격리가 정말 탈정치적 생존주의를 뜻할까? 나는 캐서린 말라부의 의견과 훨씬 더 가깝다. 그는 이렇게 썼다. "유보epoché, 중단, 사회성을 괄호에 넣는 것이 때로는 타자성에 이르는 유일한 통로, 지구상에 고립되어 있는 모든 사람과 가깝게 느끼는 한 방법이다. 바로 그런 이유로 나는 외로워하며 가능한 한 고독한 상태로 있기 위해 노력한다."* 이 태도는 참으로 기독교적 발상이다. 신께 버림받아서 혼자라고 느껴질 때, 나는 바로 그 순간 십자가에 못 박힌 예수 같고 그와 온 유대감을 느낀다. 오늘날 똑같은 이야기가 교도소 독방에 고립되어 면회가 허용되지 않는 줄리언 어산지에게도 해당된다. 우리는 지금 모두 어산지와 같은 처지고, 우리에게는 그 어느 때보다 의료상 위협이라는 구실로 권력을 정당화하고 위태롭게 남용하는 일을 막을 그 같은 인물들이 필요하다. 고립된 상태에서 전화와 인터넷은 우리와 다른 이들을 잇는 중요한 연결 수단이다. 그리고 국가는 이 두 가지 모두를 통제해 마음만 먹으면 끊어버릴 수 있다.

그러니 무슨 일이 벌어질까? 전에는 불가능하다고 여겨진 일이 이미 일어났다. 예를 들어 2020년 3월 24일 영국 총리 보리스 존슨은 영국 철도의 한시적 국유화를 선언했다. 어산지가 야니스 바루파키스**와 짤막하게 통화하며 언급했듯, "이 새로운 위기 국면은 우리에게 다른 것은 몰라도 적어도 무슨 일이든 된다는 것, 즉 모든 것이 지금은 가능하다는 것을 분명하게 보여주고 있

---

* [원주] 캐서린 말라부, 「격리에서 격리로: 루소, 로빈슨 크루소, 그리고 '나'」. Catherine Malabou. "To Quarantine from Quarantine: Rousseau, Robinson Crusoe, and 'I'", 〈critinq.wordpress.com〉, 2020년 3월 23일.

** 그리스의 마르크스주의 경제학자.

다."* 물론이다. 모든 것이 모든 방향으로, 최상의 것에서 최악의 것을 향해 흘러가고 있다. 현재 우리 상황은 따라서 지극히 정치적이다. 우리는 근본적 선택에 직면해 있다.

일부 지역에서는 국가권력이 반쯤 붕괴되어 지역의 토호들이 〈매드 맥스〉같이 적자생존 방식으로 자신들의 영토를 통제할 가능성도 있다. 특히 기아 상태나 환경 악화 같은 위협이 가속화된다면 더욱 그럴 것이다. 극단주의 집단들이 "우리 국가의 강화와 갱생을 위해 '노인과 약자'를 죽게 방치하는" 나치식 전략을 채택할 가능성도 있다. (미연방수사국FBI에서 수집한 첩보에 따르면, 몇몇 집단은 이미 코로나바이러스에 감염된 구성원들에게 경찰과 유대인을 전염시키라고 독려하고 있다고 한다.) 이렇게 야만으로 퇴행하는 좀 더 세련된 자본주의적 변종 가운데 하나는 이미 미국에서 공개적으로 논쟁거리가 되었다. 3월 22일 일요일 오후 늦게, 미국 대통령은 트위터에 모든 글자를 다음과 같이 대문자로 강조해 써서 올렸다. "우리는 바이러스 자체보다 치료가 더 끔찍한 일이 되도록 내버려 두지 않겠다. 15일간의 봉쇄 기간이 끝나면 우리가 어떤 방향으로 가길 원하는지 결정할 것이다."** 같은 날 좀 더 이른 시간

* [원주] 야니스 바루파키스, 「줄리언 어산지와의 통화」. Yanis Varoufakis, "Last night Julian Assange called me", 〈www.yanisvaroufakis.eu〉, 2020년 3월 24일.

** "WE CANNOT LET THE CURE BE WORSE THAN THE PROBLEM

에 백악관 코로나바이러스 태스크포스를 이끌고 있는 부통령 마이크 펜스는, 다가오는 월요일에 연방 질병통제예방센터CDC에서 코로나바이러스 감염자들의 예정보다 이른 업무 복귀를 허용하는 지침을 발표하겠다고 말했다. 심지어 〈월스트리트저널〉은 사설에서 "연방과 주정부 관리들은 지금 2008년과 2009년의 손해를 무색하게 할 경기침체를 막기 위해 바이러스 대항 전략을 조정해야 한다"라고 경고했다. 〈뉴욕 타임스〉의 보수적 칼럼니스트 브렛 스티븐스는 "바이러스 자체보다 더 파괴적일 수 있는 해결책을 시행하기 전에" 바이러스를 제2차 세계대전에 비견해 위협으로 간주하는 태도를 "공세적으로 의문에 부쳐야 한다"라고 썼다.* 텍사스주 부지사 댄 패트릭은 〈폭스 뉴스〉에 출연해 자신은 공공보건 조치들이 미국 경제를 망치는 걸 보느니 차라리 죽음을 택하겠다고 목소리를 높였고, 전국의 "수많은 조부모들이" 자신과 의견이 같을 것이라고 주장했다. "제 메시지는 이렇습니다. 일터로 돌아갑시다. 일상생활로 돌아갑시다. 바이러스에 휘둘리지 맙시다. 우리 중 일

ITSELF. AT THE END OF THE 15 DAY PERIOD, WE WILL MAKE A DECISION AS TO WHICH WAY WE WANT TO GO."

* [원주] 데이비드 스미스, 「트럼프 대통령이 의료 전문가와 마찰을 빚을 정책 변화를 꾀하고 있다」. David Smith, "Trump signals change in coronavirus strategy that could clash with health experts", 〈www.theguardian.com〉, 2020년 3월 23일에서 재인용.

흔이 넘은 사람들은 스스로 알아서 챙길 것입니다."*

근현대사에서 이와 비슷한 접근법이 있었던 유일한 경우는 내가 아는 한 루마니아에서 차우셰스쿠** 집권기 마지막 몇 년 동안 있었던 일이다. 그때 은퇴한 사람들은 그들의 상태와 상관없이 무조건 병원 입원을 할 수 없었는데, 이제 사회에서 쓸모가 없다고 간주되었기 때문이다. 그러한 선언들에 담긴 메시지는 선명하다. 수많은 측량 불가능한 인간 목숨과 미국적(즉 자본주의적) "삶의 방식" 사이에서 선택하라는 것. 이 선택에서 인간의 삶은 패배한다. 이것이 과연 유일한 선택지인가? 이미 미국에서조차 무언가 다른 일을 진행하고 있지 않은가? 당연히 한 국가 전체 또는 전 세계가 봉쇄 상태에 무한정 머물러 있을 수는 없다. 그렇지만 봉쇄는 새로운 방식으로 변환되어 새롭게 시작될 수 있다. 이 지점에서 나는 아무 감상적인 편견도 없다. 회복된 이들과 면역이 된 이들을 사회적 필수 서비스 노동에 동원하는 일에서부터 사는 일이 그저 고통의 연장일 뿐인 가망 없는 사람들이 고통 없이 죽을 수 있는 약품을 마련하는 일에 이르기까지, 우리가 어떻게 해야 할지 누군들 알

* [원주] 로이스 베케트, 「미국 경제를 위해 노인들의 희생이 불가피하다」. Lois Beckett, "Older people would rather die than let Covid-19 harm US economy", 〈www.theguardian.com〉, 2020년 3월 24일.

** 15년 넘게 루마니아를 독재통치한 대통령. 동구권 몰락 후 처형당했다.

겠는가. 그러나 우리는 선택지가 있을 뿐만 아니라 이미 선택을 내리고 있다.

이런 선택지의 존재 때문에, 이 위기를—국가권력은 본연의 임무를 해야 하고 우리는 그 지시를 단지 따르기만 하면 되는—탈정치적 국면으로 보면서 머지않은 미래에 어떤 형태로든 일상성이 회복되길 바라는 사람들의 태도는 틀렸다. 우리는 여기서 국가의 법과 관련해 다음과 같이 기록했던 칸트의 가르침을 따라야 한다. "복종하되 사유하고, 생각의 자유를 지켜라!" 오늘날 우리에게는 그 어느 때보다 칸트가 "이성의 공적 사용public use of reason"이라고 부른 것이 필요하다. 가뭄에서 메뚜기떼의 습격까지 다른 생태적 위협들과 함께 감염병들도 다시 돌아올 것이 확실한 이상, 지금 확실한 선택들을 내려야 한다. 지금 이 병이 상대적으로 사망자가 적은 또 다른 감염병일 뿐이라고 하는 사람들은 이 주장을 이해하지 못한다. 맞다, 이것은 그저 또 하나의 감염병일 뿐이다. 그러나 우리는 이제 과거에 그러한 감염병의 가능성을 경고했던 주장들이 완전히 정당했다는 것을 알게 되었고 감염병에 끝이 없다는 것도 알게 되었다. 그런 만큼 우리는 "더 심한 일들도 있었는데 뭐, 중세 시대 역병들을 생각해보자고" 하는 식으로 체념하고 물러서는 '현명한' 태도를 취할 수도 있다. 그렇지만 이런 비교가 필요하다는 사실 자체가 많은 것을 말해준다. 우리가 경험하고 있는 공황은 때때로 위선적일지라도 어떤 형태로든 윤리적 진전이 일어나고 있다는 사실을 증명해주기도 한다. 우리는 더 이상 역병을 우리의 숙명으로 받아들이지 않을 것이다.

여기가 바로 나의 '공산주의' 개념이 등장하는 지점이다. 막연한 꿈으로서가 아니라 이미 진행되고 있는 것(혹은 적어도 많은 사람이 필수적이라고 느끼는 것), 이미 고려되고 있고 더러는 일부 시행되기도 한 조치들을 지칭하는 명칭으로서의 공산주의. 이것은 장밋빛 미래를 밝혀줄 비전이 아니라 재난 자본주의의 해독제로 쓰일 '재난 공산주의' 전망에 더 가깝다. 국가가 훨씬 더 적극적인 역할을 떠맡아 마스크, 진단키트, 산소호흡기같이 긴급하게 필요한 물품들의 생산을 조정하고, 호텔들과 다른 휴양지들을 고립시키며, 이번에 실직한 모든 사람의 최소한의 생존을 보장하는 등의 조치를 수행해야 함은 물론, 이 모든 일을 시장 메커니즘을 버려가며 해야 한다. 예컨대 관광업에 종사하는 수백만 명을 생각해보기만 해도, 그들의 일자리가 적어도 당분간은 사라지고 직종의 의미가 없어질 것이라는 점을 알 수 있다. 그들의 운명을 그저 시장 메커니즘이나 단발적인 부양책들에만 떠맡길 수는 없다. 난민들이 여전히 유럽으로 들어오려고 애쓴다는 사실도 잊지 말자. 만일 감염병으로 인해 봉쇄된 어떤 지역이 그들에게는 여전히 매력적인 종착지라면 그들의 절망이 얼마나 깊을지 헤아리는 것조차 힘들지 않을까?

분명한 것이 두 가지 더 있다. 국가기구 차원의 보건 시스템은 약자와 노인을 돌보는 영역에서 지역 공동체의 도움에 의존하게 될 것이다. 그리고 규모 차원에서 그 반대쪽에서는 실질적인 국제 협력을 조직해 자원을 생산하고 공유해야 할 터다. 국가들이 마냥 고립되어버린다면 전쟁이 발발할 것이다. 이러한 국면들이 내가 '공산주의'를 거론할 때 언급하고 있는 것이며, 내게는 이 대안 말고는 새로운 야만성밖에 떠오르지 않는다. 이 공산주의 개념이 어디까지 발전할 것인가? 답하기 힘들지만, 나는 다만 도처에서 공산주의가 절실하게 필요하다는 사실, 앞서 확인했듯이 여러모로 공산주의자는 확실히 아닌 보리스 존슨 같은 정치가들이 이 아이디어를 시행하고 있다는 사실을 알 뿐이다.

우리와 야만을 가르는 분리선은 점점 더 뚜렷해지고 있다. 오늘날 문명의 증표 중 하나는 지구를 뒤덮고 있는 여러 전쟁을 계속하는 것이 완전히 정신나간 무의미한 일임을 차츰 깨닫고 있다는 사실이다. 또한 우리는 다른 인종, 문화, 성소수자 들에게 관용을 베풀지 못하는 태도가 우리가 마주하고 있는 위기의 규모에 비하면 얼마나 보잘것없는 쩨쩨한 일인지도 이해하고 있다. 이는 또한 비록 전시 조치들이 요구된다 해도 바이러스에 대항한 싸움에 '전쟁'이라는 용어를 쓰는 것을 내가 문제적이라고 보는 이유를 설명해준다. 바이러스는 계획과 전략을 갖추고 우리를 무찌르려는 적이 아니라, 어리석게 자가증식하는 한갓 메커니즘일 뿐이다.

이 점이야말로 우리의 생존 강박을 한탄하는 사람들이 놓치고 있는 사실이다. 알렌카 주판치치는 최근 냉전 시대 당시 인류가 핵으로 인해 자기파멸을 할지도 모른다고 공포에 떨었던 사실을 다룬 모리스 블랑쇼의 글을 다시 읽었다. 블랑쇼는 어째서 살아남길 바라는 우리의 절실한 희망이 "변한 것은 잊고, 지금 있는 만물의 상태를 안전하게 유지하면서, 우리 목숨만 부지하자"는 태도를 뜻하지는 않는지 보여준다.* 실제로는 그 반대가 옳다. 우리는 인류를 자기파괴에서 구하려는 노력을 통해서 새로운 인류를 창조하고 있는 것이다. 우리는 오로지 이 치명적 위협을 통해서만 통합된 인류를 그려볼 수 있다.

* [원주] Maurice Blachot, *The Writing of the Disaster*, Lincoln: Nebraska University Press, 1995 참조. 모리스 블랑쇼, 『카오스의 글쓰기』, 박준상 옮김, 그린비, 2009.

PANDEMIC PANIC

11장

사마라에서의 약속: 오래된 농담의 새로운 쓰임새

전에 썼던 여러 글에서 나는 자신이 곡물 씨앗이라고 믿는 바람에 정신병원에 수용된 남자에 관한 농담을 언급했다. 의사들은 그가 씨앗이 아니라 인간이라는 사실을 납득시키기 위해 온갖 애를 쓴다. 의사들의 노력이 결실을 맺어 그는 퇴원하게 된다. 그런데 나가자마자 그가 두려움에 떨면서 되돌아온다. 정문 바깥에 닭 한 마리가 있는데 그 녀석이 자기를 잡아먹을까 봐 두렵다는 것이다. "이봐요, 환자분." 그의 주치의가 말한다. "당신이 씨앗이 아니라 사람이라는 걸 아주 잘 알고 있잖아요." 환자가 대답한다. "그럼요, 알죠. 그런데 닭도 그걸 아나요?"

나의 크로아티아 친구 데얀 크르시치가 내게 이 농담의 코로나버전을 보내주었다. "반가워요, 친구!" "오, 교수님 안녕하세요! 근데 왜 마스크를 쓰고 계시죠? 두 주일 전만 해도 마스크가 바이러스를 막지 못한다고 여기저기 떠들고 다니지 않으셨나요?" "그랬지요. 마스크가 소용없다는 건 아는데, 바이러스도 그걸 알까요?"

이 농담의 바이러스 버전은 결정적인 사실 하나를 간과한다. 바이러스는 지식 영역에 서식하는 존재가 전혀 아니기 때문에 아무것도 알지 못하며(또한 아무것도 알지 못한다는 것도 알지 못하며), 우리를 파괴하려고 애쓰는 적이 아니라는 사실이다. 바이러스는 그저 맹목적인 자동기계처럼 자기재생산을 할 뿐이다. 몇몇 좌파 인사들은 이와 유사한 또 다른 사례를 들먹이곤 한다. 자본 역시 우리 인간에게 달라붙은 기생충처럼 행동하는 바이러스가 아닐까? 자본은 우리의 고통에는 완전히 무관심한 채 자기재생산의 확장에만 몰두하는 맹목적 자동기계가 아닐까? 그렇지만 여기에는 중요한 차이점이 결부된다. 자본은 우리로부터 독립해 존재하는 것이 아닌 가상현실이다. 자본은 우리 인간이 자본주의적 과정에 참여하는 한에서만 존재한다. 자본은 그 자체로 유령 같은 실체다. 우리가 마치 자본을 믿는 것처럼 행동하길 그만둔다면(또는 예컨대 한 국가권력이 모든 생산력을 국유화하고 화폐를 없앤다면) 자본은 존재하길 그치지만, 바이러스는 과학을 통해서만 대처할 수 있는 현실의 일부다.

물론 이것이 실체로 존재하는 바이러스의 각기 다른 층위들, 즉 생물학적 바이러스, 디지털 바이러스, 실체적 바이러스로서의 자본 간에 아무런 관련이 없다는 사실을 뜻하지는 않는다. 분명히 코로나바이러스 감염병 자체는 인간에게 영향을 끼치는 일개 생물학적 현상에 불과한 것이 아니다. 바이러스의 확산을 이해하려면 우리는 식습관 같은 인간의 문화적 선택, 경제와 세계무역, 복잡한 국제관계 네트워크, 공포와 공황 상태의 이데올로기적 메커니즘 같은 변수들을 고려해야 한다. 이 연관성을 제대로 파악하기 위해서는 새로운 접근법이 필요하다. 그 길은 브뤼노 라투르가 제시한 바 있다.* 그가 코로나바이러스 위기를 두고 앞으로 다가올 기후변화에 대처하기 위한 "총연습"이라고 강조한 것은 옳았다. 이 기후변화는 "다음번 닥쳐올 위기로서, 우리 모두는 생존조건들의 재설정이라는 도전에 직면할 것이다. 일상적 생존을 위한 모든 세부사항 역시 세심하게 정리하는 법을 터득해야 한다." 코로나바이러스 감염병은 전 지구적으로 지속되고 있는 생태적 위기의 한 장면으로서 우리에게 다음과 같은 일들을 무자비하게 강요한다.

* [원주] 브뤼노 라투르, 「이것은 총연습인가?」. Bruno Latour, "Is This a Dress Rehearsal?", 〈critinq.wordpress.com〉, 2020년 3월 26일.

'자기들끼리 존재하는 인간들'이라는, 사회에 대한 고전적인 정의가 무의미해졌다는 갑작스럽고 고통스러운 깨달음. 사회 상태는 매 순간 수많은 행위자 간의 연합에 의존하고 있으며, 그 연합 대부분은 인간의 모습을 띠고 있지 않다. 이는 우리가 파스퇴르 이후에 알게 된 것처럼 미생물에 해당될 뿐만 아니라 인터넷, 법, 병원 조직, 국가 물류, 기후에도 해당된다.*

물론 라투르도 잘 알고 있듯이, 코로나바이러스 감염병과 생태 위기 사이에는 중요한 차이가 있다.

보건 위기 상황에서는 인간들이 하나가 되어 바이러스에 맞서 '싸우는' 것이 마땅할지도 모른다. 바이러스들이 우리에게 아무런 관심도 없고, 목구멍에서 목구멍으로 옮겨다니며 우리를 죽이는 일이 의도치 않은 것일지라도 말이다. 이 상황이 생태적 변화 차원에서는 비극적으로 뒤집어진다. 끔찍한 발병력을 동원해 이 행성의 모든 거주자가 처한 생존조건들을 변화시켜버린 병원체는 이번엔 바이러스가 아니라 인류다!**

---

* 같은 글.
** 같은 글.

라투르는 "이것은 모든 인류가 아니라 선전포고 없이 우리와 전쟁을 벌이는 인간들에게만 해당한다"라고 바로 덧붙이지만, "선전포고 없이 우리와 전쟁을 벌이는" 행위자는 인간 집단뿐 아니라 현존하는 전 지구적 사회경제 시스템이기도 하다. 그것은 요컨대 우리 모두(곧 인류 전체)가 참여하고 있는 전 지구적 현존 질서다. 이제 우리는 집합체assemblage 개념의 진정한 전복적 잠재성을 볼 수 있게 되었다. 그 개념은 인간을 포함하면서도 '탈인간적' 관점에서만 고찰될 수 있어서 인간을 그저 다양한 행위주체 가운데 하나에 불과한 하나의 집단에 적용했을 때 그 잠재성이 선명하게 드러난다. 오염된 쓰레기장에서 행위주체들이 결합하는 방식을 서술한 제인 베닛*을 떠올려보자. 그는 인간뿐 아니라 썩어가는 쓰레기, 벌레, 해충, 버려진 기계, 화학적 독극물 같은 것들이 어떻게 그것들만의 (순전히 수동적이지만은 않은) 역할을 각기 담당하는지 묘사한다.** 이 접근법에는 진정 이론적이고 윤리정치적인 통찰이 존재한다. 베닛 같은 이른바 신물질론New Materialism 주창자들이 물질을 기계적 부분들의 수동적 혼합으로 환원하는 데 반대할 때, 그들이 주장하는 것은 물론 낡은 직접적 목적론이 아니라 물질에 내재한 우발적 동역학이다. 즉, 생성되는 속성들은 여러 행위주체 간의

---

* 생기론적 유물론을 주장하는 실재론자. 미국의 정치이론가이자 철학자.

** [원주] Jane Bennett, *Vibrant Matter*, Durham: Duke University Press, 2010, 4~6쪽.

예측할 수 없는 만남 가운데 생겨나며, 특정 행위의 행위자는 서로 다른 종류의 온갖 신체들을 가로질러 퍼져 있다는 것이다. 따라서 행위자는 사회적 현상이 되며, 사회성은 그 경계들을 확장해 관련 집합체에 참여하는 모든 물질적 신체를 포함하게 된다. 예컨대 생태주의에서 대중은 행위능력의 감소로 정의되는 상해(손상)에 취약한 신체들, 곧 인간이 일부 포함되지만 대부분은 비인간적 신체들의 집단이다. 이러한 태도의 윤리적 함의는 우리가 우리보다 더 거대한 집합체 내부에 결박되어 있는 존재라는 사실을 인식해야 한다는 점이다. 우리는 이러한 공적 존재들의 요구에 좀 더 민감해져야 하며, 자기이해를 새로운 의미로 정식화하여 그것들이 처한 곤경에 반응해야 한다. 대개 비활성적 본체로 인식되는 물질성은, '인간과 비인간 행위자'(행위주체)의 집합체를 이루는 무수한 사물로 재인식되어야 한다. 인간은 그저 잠재적으로 무한정한 세력들의 네트워크 중 하나의 세력일 뿐이다.

하나의 현상을 거듭 변화하는 집합체 속에 위치시키는 이러한 접근법 덕분에 우리는 (어떤 현상이 순식간에 완전히 다른 방식으로 기능하기 시작하는) 기능변환trans-functionalization의 예기치 못한 몇몇 사례들을 설명할 수 있게 되었다. 예상치 못하게 발생하는 연대 가운데 하나로 리우데자네이루 갱단들의 사례를 들 수 있다. 그들은 대체로 자신들의 빈민가를 통제하기 위해 잔인한 싸움을 일삼지만 코로나바이러스 감염병이 진행되는 동안 휴전하고 노인들과 약자들을 돕는 데 힘을 모으기로 합의했다.* 이렇게 갑작스러운 변화가 이루어진 이유는 물론 길거리 갱단들이 이미 그 자체로 서로 다른 측면들을 지닌 하나의 집합체이기 때문이다. 이들은 그저 범법행위를 일삼는 조직이기만 한 것이 아니라 국가기구의 폭력에 맞서는 청년들의 연대이자 저항 조직이기도 한 것이다.

기능변환의 또 다른 사례는 기업뿐 아니라 개인을 돕는 데도 쓰인 수조 달러의 지출이—그러한 몇몇 조치는 전국민기본소득 지급과 유사하다—경제를 활성화하고 극심한 가난과 기아를 막기 위한 극단적 조치로 정당화되는 경우인데, 여기에는 훨씬 더 급진적인 무언가가 결부되어 있다. 그러한 조치에 따라 돈은 더 이상 전통적 자본주의 방식으로 작동하지 않는다. 돈은 가용자원들을 분배하기 위한 하나의 상품권이 되어 사회가 가치법칙의 제약 바깥에서 계속 움직이게 한다.

이러한 노선을 따르는 또 다른 희한한 기능변환 사례를 상상해 보자. 코로나바이러스 감염병의 부수효과 중 하나로 중국 중심부와 심지어 이젠 북부 이탈리아의 대기질이 훨씬 나아졌다는 사실이 언론에 널리 보도되었다. 그런데 만일 이 지역들의 기후 패턴이

* [원주] 이 일화는 과테말라의 인권변호사 레나타 아빌라에게서 들었다.

이미 오염된 공기에 적응되어 더 깨끗해진 공기 때문에 훨씬 더 파괴적인 기후 패턴—더 잦은 가뭄 혹은 홍수 등—이 초래된다면?

그런 만큼, 다가오는 생태 위기에 대처하기 위해서는 철학의 근본적 변화가 반드시 필요하다. 우리 인간은 자연의 일부이며 지구상 자연적 종들 가운데 하나에 불과함을 강조하는, 다시 말해—마르크스가 인간과 자연의 신진대사라고 불렀던—우리 인간의 생산 과정들이 자연 자체 내부에 속한 신진대사의 일부임을 강조하는 평범한 주장보다 한층 더 근본적인 변화 말이다. 이 복잡한 상호작용을 세세하게 설명하는 일이 중요하다. 코로나바이러스는 예외 사례 또는 우리를 방해하는 침입자가 아니며, 우리 지각 작용의 문턱 아래에서 수십 년 동안 작동해온 바이러스의 특수한 변종이기 때문이다. 바이러스와 박테리아는 늘 존재해왔으며, 매우 중대한 긍정적 기능을 할 때도 있다. (우리의 소화기관은 오로지 배 속에 있는 박테리아를 통해서만 운동한다.) 여기에 서로 다른 존재론적 층위 개념을 도입하는 것만으로는 충분치 않다. (예컨대 인간은 신체로서는 박테리아와 바이러스의 숙주로 기능하는 유기체이며, 생산자로서는 우리를 둘러싼 자연을 공동으로 변화시키고, 정치적 존재로서는 우리의 사회적 삶을 조직하고 그 속에서 투쟁에 가담하며, 영성적 존재로서는 과학, 예술, 종교에서 만족을 찾는다는 등의 층위 개념으로 인간을 설명할 수 있다.) '집합체'가 뜻하는 것은 우리가 여기서 한 걸음 더 나아가 일종의 '일괄 존재론flat ontology'*으로 향해야 한다는 사실, 이 서로 다른 층위들이 동일한 하나의 층위에서 상호작용할 수 있음을 인식해야 한다는 사실이다. 따라서 행위주체로서 바이러스는 우리의 생산활동, 우리의 문화적 취향, 우리의 사회적 교류를 통해 매개된다. 라투르는 이를 다음과 같이 이해한다.

> 따라서 정치학은 물질적이어야, 즉 가치나 신념이 아니라 연관된 사물과 관심사를 둘러싼 사물정치Dingpolitik여야 한다. 줄기세포, 휴대전화, 유전자 변형 유기체, 병원체, 새로운 하부구조와 새로운 재생산 기술 들은 그러한 사안들 및 다양한 행동방식들에 관한 다양한 형태의 지식을 산출하는 관심 어린 대중을 만들어낸다. 전통적 정치학의 영역을 한계 짓는 제도, 정치적 이해관계 혹은 이데올로기를 넘어 말이다.**

---

* 신물질론자들이 인간과 비인간 객체, 생물과 무생물, 유기체와 비유기체 등 존재하는 사물들의 평등한 관계를 주장하는 존재론으로, '평평한 존재론'이라고도 불린다.

** [원주] 마틴 뮐러, 「집합체와 행위자 네트워크: 사회물질적 권력, 정치, 그리고 공간」. Martin Mueller, "Assemblages and Actor-networks: Rethinking Socio-material Power, Politics, and Space", 〈https://research.birmingham.ac.uk/portal/files/18272419/Muller_Assemblages_actor_networks_Geography_Compass_2015.pdf〉. 내가 보기에 [미국의 분석철학자] 로버트 브랜덤을 따라 헤겔을 읽는, 이 널리 퍼져 있는 규범적 읽기는 내가 보기에 규범적 태도 및 주장들과 물질적이고 비물질적인 삶의 과정들이 이루는 네트워크가 서로 복잡하게 얽혀 있다는 사실을 무시하는 것 같다.

코로나바이러스 감염병은 (잠재적으로) 병원체가 될 수 있는 바이러스 메커니즘, 산업화된 농업, 전 지구적 경제의 급속한 발전, 문화적 관습들, 국제적 소통의 폭발적 증가 등의 집합체로 볼 수 있다. 감염병은 자연적, 경제적, 문화적 과정들이 복잡다단하게 서로 묶여 있는 하나의 혼합체다. 천연덕스럽게 주체성을 내세우는 철학자로서 나는 여기에 두 가지 사항을 보태고 싶다. 첫째, 인간으로서 우리는 하나의 복잡한 집합체에 속한 행위주체들 중 하나다. 그러나 오로지 정확히 인간 주체로서만 우리는 우리가 속한 행위주체들의 집합체를 (적어도 부분적으로) 파악할 수 있는 '탈인간적 관점'을 취할 수 있다.

둘째, '가치와 신념'이 손쉽게 무시되어서는 안 된다. 이것들은 중요한 역할을 하며 집합체의 한 특수한 양태로 다루어져야 한다. 종교는 교리, 제도, 사회적이고 개인적인 실천, 그리고 말해진 것과 말해지지 않고 남은 것이 때때로 예기치 못한 방식으로 서로 엮이는 내밀한 경험들이 결합된 하나의 복잡한 직물이다. 어쩌면 신이 존재한다는 완벽한 과학적 증거는 신봉자 그 자신에게 가장 커다란 충격일 것이다. 이와 유사한 복잡성(또는 차라리 균열)은 우리가 코로나바이러스의 확산에 왜 하필 늦장 대처하게 되었는지 이해할 수 있게 해준다. 우리의 지식이 우리의 즉자적 신념과 어긋났기 때문이다.

앨프리드 히치콕의 영화 〈사이코〉에서 (아보가스트 형사를 죽인) 두 번째 살인을 떠올려보자. 이 살인은 충격적이며, 심지어 그 악명 높은 샤워 살인 장면보다도 더 놀랍다. 샤워실에서 칼로 찌르는 것은 전혀 예상하지 못한 충격인 데 반해 형사의 살인 때는 무언가 충격적인 일이 벌어질 것을 알고 있고, 실제로 전체 장면이 그 사실을 드러내도록 찍었는데도, 실제 사건이 벌어질 때 여전히 놀라게 된다. 왜 그럴까? 일어날 줄 알고 있던 일이 벌어진 것인데도 어떻게 가장 크게 충격받을 수 있을까? 분명한 답은, 우리가 그 일이 생기리라고 정말로 믿지 않았기 때문이라는 것이다. 코로나바이러스 확산과 관련해 이와 비슷한 일이 벌어진 것이라고 볼 수 있지 않을까? 감염병학자들은 우리에게 바이러스에 대해 경고했고, 지금껏 확인하기로는 실제로 매우 정확하게 예측했다. 정치가들이 과학에 귀를 기울여야 한다고 했던 그레타 툰베리의 말이 옳았지만 우리는 "직감hunches"에—트럼프가 이 특별한 단어를 썼다—더 많은 신뢰를 보냈는데, 그 이유를 짐작하기는 어렵지 않다. 우리가 지금 벌어지고 있는 일을 이제까지 불가능하다고 여겼기 때문이다. 우리 일상의 기본 좌표들이 사라지고 있는 현상 말이다. 우리가 바이러스에 최초로 보인 반응은 곧 깨어날 악몽으로 치부한 것이었다. 이제 우리는 일이 이렇게 되지 않을 것이며, 바이러스의 세계에서 사는 법을 터득해야 한다는 것과 새로운 삶의 방식을 고통스럽게 재구축해야 한다는 것을 깨닫게 되었다.

현재 진행형인 팬데믹에서 작동하고 있는 화법과 현실의 또 다른 조합도 있다. 현실에는 우리의 지식을 통해 매개되어야 생겨날 수 있는 물질적 과정들이 존재한다는 것이다. 우리는 특정한 파국이 일어날 것이라는 말을 듣고 피하고자 노력하는데, 바로 그 노력 때문에 그 일이 벌어진다. 서머싯 몸이 각색해 들려준, "사마라에서의 약속"을 둘러싼 옛 아랍 이야기를 떠올려보자. 한 하인이 심부름을 나섰다가 바그다드의 번잡한 시장에서 저승사자를 만난다. 저승사자의 시선에 겁먹은 그는 그 길로 도망쳐 주인에게 달려와 말 한 필을 달라고 간청한다. 저승사자가 자신을 찾을 수 없도록 하루종일 말을 달려 저녁 무렵이면 사마라에 도착할 수 있게. 마음씨 좋은 주인은 하인에게 말을 마련해주었을 뿐만 아니라 몸소 시장에 가서 저승사자를 찾아내 자신의 충실한 하인에게 겁을 주었다고 꾸짖는다. 저승사자가 대답한다. "그런데 나는 당신의 하인을 겁줄 생각이 없었어요. 오늘 밤 그 친구와 사마라에서 만나기로 약속이 되어 있는데 그를 여기 시장에서 보는 바람에 그냥 좀 놀랐거든요…" 만일 이 이야기에 담긴 메시지가 한 사람의 죽음은 피하기 어렵고 그로부터 벗어나려 발버둥치는 것이 오히려 그 힘을 옥죄게 만든다는 교훈이 아니라 정반대, 즉 우리가 운명을 피할 수 없는 것으로 받아들일 때 그 손아귀에서 빠져나올 수 있다는 가르침이라면 어떻게 될까? 오이디푸스의 부모에게는 그들의 아들이 아버지를 죽이고 어머니와 결혼하리라는 신탁이 예언되었는데, 이 운명을 피하기 위해 그들이 취했던 바로 그 조치—아들 오이디푸스를 깊은 숲에서 죽게 내버려둔 일—가 예언의 실행을 보증하게 되었다. 운명을 피하려는 시도가 없었다면, 운명은 저절로 실현되지 못했을 터다. 이 이야기가 미국의 이라크 개입의 운명을 알려주는 또렷한 우화는 아닐까? 미국은 이슬람 근본주의가 가하는 위협의 조짐들을 감지하여 그것을 막기 위해 개입했는데, 그 때문에 근본주의를 강화했다. 위협을 받아들이고 무시함으로써 그 손아귀에서 벗어나는 것이 훨씬 더 효과적이지 않았을까? 자, 다시 우리 이야기로 돌아가보자. 저잣거리에서 저승사자를 마주했을 때 하인이 이렇게 응대하는 상황을 상상해보자. "도대체 나한테 왜 그러는 거죠? 날 어떻게 하고 싶으면 그냥 하세요. 그게 아니라면 꺼져요!" 저승사자는 당황한 나머지 어쩌면 이렇게 얼버무렸을 것이다. "그렇지만… 우리가 사마라에서 만나기로 되어 있는 이상 여기서 당신을 죽일 수는 없어요!" 그러고는 (아마도 사마라로) 줄행랑을 쳤을 터다. 이른바 '집단면역herd immunity'을 통한 코로나바이러스 대책도 이런 식의 도박이다.

공표된 목적은 집단감염 사태를 관리하고 다음 겨울에 발생할 참담한 '2차 감염'을 막는 '집단면역'을 달성하겠다는 것이다… 인구의 상당 부분, 어림잡아 40세까지는 이 바이러스 감염이 중증 질병으로 발전할 위험은 아주 낮다. 그러므로 그 논리를 따라가보면, 완벽한 세상에선 어느 누구도 감염의 위험을 감당하길 바라지 않겠지만, 젊은 사람들을 면역시키는 일은 전체 인구를 보호하는 한 방법이라는 것이다.*

말하자면 이런 도박이다. 우리가 마치 모르는 것처럼 행동한다면, 다시 말해 우리가 그 위협을 무시한다면 실제로 입을 손상이 알고서 행할 때보다 훨씬 적을 수 있다는 것이다. 이것이 보수주의적 포퓰리스트들이 우리를 납득시키려는 논리다. 우리의 약속 장소인 사마라는 우리의 경제 질서이자 전체 삶의 방식이며, 그러므로 우리가 감염병학자들의 충고를 따라 격리와 봉쇄를 통해 바이러스의 충격을 최소화하려는 노력 따위로 대응한다면 우리는 바이러스로부터 비교적 낮은 비율의 사망자를 얻기보다는 훨씬 더 심하게 경제적 붕괴와 궁핍이라는 파국을 초출하는 일이 되고 말 뿐이라는 이야기다.

---

* [원주] 윌리엄 해니지, 「처음엔 풍자인 줄 알았어요」. William Hanage, "I thought it was satire", 〈www.theguardian.com〉, 2020년 3월 15일.

그러나 알렌카 주판치치가 지적했듯이, "일터로 돌아가자"라는 구호는 일견 노동자를 근심하는 듯한 트럼프의 말이 거짓임을 알려주는 대표적 사례다.* 그는 팬데믹이 경제적 파탄이기도 한 평범하고 저임금에 허덕이는 사람들에게 말을 걸고 있다. 그들은 저임금 때문에 스스로를 격리시킬 여력이 없다. 문제점은 중첩되어 있다. 첫째, 복지국가 해체를 중심축으로 돌아가는 트럼프의 경제정책은 거시적으로 볼 때 다음과 같은 면에서 책임이 있다. 즉 많은 저임금 노동자들이 스스로 바이러스보다 가난을 더 큰 위협으로 느낄 만큼 끔찍한 상황에 놓여 있다는 것이다.

둘째, 실제로 "일터로 돌아"가게 될 사람들은 빈자들인 반면 부자들은 격리 상태에서 편안히 머물 것이다. 나머지 모두가 자가격리를 할 수 있도록 하기 위해 정작 본인은 자가격리하지 못하는 사람들, 즉 보건의료 노동자들, 음식을 만들고 배달하는 일을 책임진 사람들, 전기와 수도의 지속적 공급을 가능하게 하는 사람들이 있다. 또한 자가격리를 위해 머물 '집'이라고 부를 만한 거처가 전혀 없는 난민들과 이민자들이 있다. 난민 캠프에 발이 묶인 수천 명 속에서 어떻게 우리가 사회적 거리두기를 고집할 수 있겠는가? 정부가 14일간의 봉쇄명령을 내리자 수백만 명이 대도시에서 시골

* [원주] 이 사례는 알렌카와 나눈 사적 대화에서 가져왔다.

로 나가기 위해 늘어선, 인도의 저 혼란한 상황을 떠올려보기만 해도 알 수 있다.

이 모든 새로운 분열은 좌파 자유주의자들의 우려가 치명적 한계를 지니고 있음을 보여준다. 그들은 바이러스로 인해 강화된 사회적 통제가 바이러스 이후에도 계속되어 우리의 자유를 제약할 것이라 걱정한다. 맹목적 생존이 걸린 공황 상태로 전락한 개인이야말로 전체주의적 권력을 도입하기 쉬운 이상적 주체니까. 이 위험은 정말 실재한다. 극단적인 사례는 헝가리 총리 오르반 빅토르의 결정이다. 그는 자신이 명령만으로 무기한 통치할 수 있는 법을 통과시켰다. 그러나 이런 우려를 표하는 좌파들은 오늘날 실제로 벌어지고 있는 정반대 현상은 보지 못하고 있다. 권력자들은 이 위기의 결과를 우리 각자가 책임지게 하기 위해 우리가 서로 적당한 거리를 유지하고 손을 씻고 마스크를 써야 한다고 주장하겠지만, 현실은 그와 정반대다. 우리가 주체들로서 국가권력에 보내는 메시지는, 우리는 당신의 명령에 기꺼이 따르겠지만 그것은 당신의 명령일 뿐이며 우리가 그 명령을 따르는 일이 제대로 작동할지에 대해서는 아무런 보장이 없다는 것이다. 국가를 책임진 사람들이 공황에 빠진 까닭은 자신들이 상황을 통제하지 못하고 있을 뿐만 아니라 그들의 국민인 우리가 그 사실을 알고 있기 때문이다. 권력의 무능이 지금 발가벗겨져 있다.

우리 모두가 알고 있을 만한 만화 속 고전적 장면이 있다.* 고양이가 낭떠러지에 다다라 발밑에 지지할 땅이 없어졌다는 걸 알면서도 무시하고 계속 걸어간다. 고양이가 떨어지는 것은 눈을 아래로 돌려 벼랑 밑 심연을 볼 때다. 권위를 잃은 체제는 마치 낭떠러지에 올라선 고양이 같다. 밑으로 추락하고 싶다면, 그저 아래를 내려다보면 된다는 것만 기억하면 된다. 그러나 그 반대 경우 역시 진실이다. 하나의 권위주의적 체제가 마지막 위기에 가까워지면, 해체는 대체로 두 단계를 밟는다. 실제로 무너지기 전에 종잡을 수 없는 균열이 발생한다. 그리고 한순간 사람들은 게임이 끝났다는 것을 알고는 더 이상 두려워하지 않게 된다. 체제가 정당성을 상실할 뿐만 아니라 권력 행사가 그 자체로 무기력하고 공포에 찬 반응이라는 점을 느끼게 된다. 이란의 호메이니 혁명을 다룬 역작 『샤 중의 샤』에서 폴란드 출신 언론인이자 작가인 리샤르트 카푸시친스키는 균열이 생기는 정확한 시점을 지목한다. 테헤란의 한 교차로에 시위자 한 명이 서 있었다. 비키라고 소리쳐 지시하는데도 시위자가 꿈쩍하지 않자, 당황한 경찰은 그만 그 자리를 떠나버렸다. 두어 시간 뒤 이 사건은 테헤란의 모든 지역에서 회자되었고, 길거리 시위가 몇 주 내내 이어지긴 했지만 모두가 어느 정도는 게임이

---

* [원주] 이 장면을 한 번도 거론하지 않은 내 책은 아마 없을 것이다.

끝났다는 것을 알았다…* 오늘날에도 이와 흡사한 일이 벌어지고 있다는 신호들이 있다. 국가기구들이 한데 뭉쳐 만들어진 모든 독재적 권력은 자신들의 기초적 무능력을 그 어느 때보다 더없이 실감나게 드러내고 있을 따름이다.

여기서 우리는 〔국가권력을 향한〕 이러한 믿음의 해체를 민중이 국가기구들 바깥에서 지역 차원으로 자기조직화할 수 있는 기회가 열린 것으로 환영하려는 유혹에 빠지지 말아야 한다. '임무를 다하고' 믿을 수 있는 효율적 국가가 오늘날 적어도 어느 정도는 그 어느 때보다 절실하다. 지역 공동체의 자기조직화는 오직 국가기구와 과학의 조합을 통해서만 작동할 수 있다. 우리는 이제 현대과학이 그 모든 드러나지 않은 편향에도 불구하고 문화를 관통하는 보편성의 지배적 형식임을 받아들일 수밖에 없게 되었다. 감염병은 과학이 이러한 역할을 자임할 수 있는 반가운 기회를 제공한다.

그러나 여기서 새로운 문제 하나가 제기된다. 과학에도 대타자 big Other, 즉 우리가 완전히 의지할 수 있으며 모든 것을 명확하게 알고 있는 것으로 추정되는 주체는 없다. 감염병학자들은 서로 다른 결론에 도달해 상이한 처방을 제공한다. 데이터로 제시되는 것들도 선이해의 지평을 통해 걸러진다. 예컨대 늙고 약한 사람이 정

* [원주] Ryszard Kapuscinski, *Shah of Shahs*, New York: Vintage Books, 1992.

말로 바이러스 때문에 죽는지 어떻게 판단할 수 있을까? 코로나바이러스가 아닌 다른 질병들로 죽음에 이르는 사람들이 여전히 더 많다는 사실이 위기를 완화하는 데 잘못 이용되어서는 안 된다. 하지만 코로나바이러스를 다루는 보건 시스템에만 외곬으로 집중하는 바람에 긴급하지 않은 것으로 판단된 질병 치료를 미루는 일이 생겨났으며, 그 때문에 코로나에만 몰두하는 일은 바이러스 자체의 직접적 영향보다 장기적으로 볼 때 더 큰 손상을 입힐 수 있다. 그다음으로는 당연히 봉쇄로 인한 심각한 경제적 결과들이 있다. 4월 초엽이 되자 이미 남부 이탈리아에서는 새로이 궁핍에 빠진 사람들이 식량 난동을 벌였고, 경찰들이 팔레르모에 있는 식품점들을 경비하기 위해 출동했다. 중국식의, 철저한 상명하달의 통제 방식과 좀 더 느슨한 '집단면역' 접근법 말고는 정말로 다른 선택의 여지가 없는 것인가? 여기서 과학 지식에만 근거를 둘 수 없는 어려운 결정을 내려야 한다. 국가권력이 감염병을 항구적 비상사태를 부과하기 위한 구실로 삼고 있다고 경고하기는 쉽지만, 그러한 경고들을 소리 높여 외치는 사람들은 과연 어떤 대안적 대책들을 내놓고 있는가?

감염병에 대한 우리의 대응에 뒤따르기 마련인 공황 상태는 단지 권력자들이 교묘히 꾸며낸 것에 불과하지는 않다. 무엇보다, 어째서 거대 자본이 이런 종류의 초대형 위기를 무릅쓰려 하겠는가?

오히려 이 위기는 진짜이며 충분한 근거가 있는 경보다. 그렇지만 거의 전적으로 코로나바이러스에만 초점을 맞추는 언론의 보도는 중립적 사실들에만 기반을 두지 않으며, 이데올로기적 선택에 뚜렷하게 의존한다. 어쩌면 여기서 우리는 온건한 음모론을 생각해 볼 수도 있지 않을까. 만일 현존하는 전 지구적 자본주의 질서의 대표자들이, 꽤 오랫동안 비판적 마르크스주의 분석가들이 지적해 온 것을 이제 어느 정도 깨닫는다면 무슨 일이 벌어질까? 즉 우리가 알고 있는 시스템이 심각한 위기에 처해 있으며 지금과 같은 자유방임주의적 형태로는 지속될 수 없다는 사실을 깨닫는다면 말이다. 만일 이 대표자들이 새로운 통치 형태를 강제하고자 무자비하게 감염병을 이용하고 있는 것이라면 어떨까? 감염병이 가져올 가장 그럴듯한 결과는 하나의 새로운 야만적 자본주의가 득세할 것이라는 사실이다. 다수의 늙고 약한 사람들이 희생될 것이며 죽을 때까지 방치될 것이다. 노동자들은 더 열악한 생활 수준을 감내해야 할 것이다. 계급차별은 더욱더 사활이 걸린 문제가 될 터다. 권력층에 있는 사람들이 지금 할 수 없이 도입하고 있는 공산주의적 조치들은 과연 얼마나 남게 될까?

그러니 우리는 "바이러스 덕분에 우리는 진정한 삶이란 과연 무엇인가 하는 문제에 집중할 수 있게 될 것이다"라는 뉴에이지New Age류 정신주의자들의 명상에 너무 많은 시간을 빼앗겨서는 안 된다. 진짜 싸움은 어떤 사회 형태가 자유주의적 자본주의라는 신세계질서New World Order를 대체할 것인가를 두고 벌어질 터다. 바로 이 싸움이 진짜 사마라에서의 약속이다.

부록

친구들의 소중한 편지 두 통

나만의 고백으로 이야기를 시작해볼까 한다. 나는 읽고 일할 시간이 충분할 때 혼자 아파트에 갇혀 지내는 상상을 좋아한다. 여행할 때도 근사한 호텔에 머물면서 내가 다니러 간 지역의 온갖 명소를 나 몰라라 하길 좋아한다. 유명한 그림을 다룬 괜찮은 에세이가 인파가 북적이는 미술관에서 그 그림을 보는 일보다 더 큰 의미가 있다. 그런데 이런 생각이 지금은 스스로 갇혀 지내는 일을 더 힘들게 한다는 걸 알게 되었다. 이 점의 이해를 돕기 위해, 이번이 처음은 아니지만 에른스트 루비치의 영화 〈니노치카〉에 나오는 유명한 농담을 다시 가져와본다. "웨이터! 크림 없는 커피 한 잔 주세요!" "죄송한데요, 손님. 저희는 크림은 없고 우유만 있는데, 우유 없는 커피도 괜찮으시겠어요?" 사실의 차원에서는 어찌 됐든 똑같은 커피다. 크림 없는 커피를 우유 없는 커피로 만드는 게, 아니

좀 더 단순하게 말해, 상정된 부정을 더해서 그냥 커피를 우유 없는 커피로 만드는 것이 무슨 차이가 있겠나. 똑같은 일이 내가 격리된 동안 생겼다. 이번 위기가 오기 전에는 "우유 없는" 고립이어서, 밖으로 나갈 수도 있었지만 그냥 나가지 않기를 택한 것뿐이었다. 지금은 아무런 가능한 부정도 상정하지 않은 그저 격리라는 순수한 커피일 뿐이다.

브라질 리우데자네이루에서 활동하는 라캉주의 정신분석학자 친구 가브리엘 투피남바가 이 역설을 내게 이메일로 설명해주었다. "애초에 집에서 일을 하던 사람들이 가장 불안해하고 가장 나쁜 무기력의 환상에 빠지게 돼. 그들의 일상생활에서 이 상황이 차지하는 기이함을 습관 하나 바꾼다고 한들 떨어뜨려놓진 못하기 때문이지." 이 주장의 요지는 복잡하지만 선명하다. 우리의 일상적 현실에 큰 변화가 없다면 위협은 어디서도 볼 수 없는 유령적 환상으로 체험되며 그 때문에 훨씬 더 강력하게 느껴진다. 나치 집권기 독일 중에서도 유대인의 수가 거의 미미했던 지역에서 반유대주의가 가장 극성이었다는 사실을 기억해보자. 비가시성으로 인해 유대인들은 공포를 자아내는 유령이 되었다.

투피남바는 자가격리 상태에서도 전화와 스카이프를 통해 환자들을 꾸준히 분석한다. 메일에서 그는 약간 빈정대는 투로, 전에는 직접 대면 없이 전화나 스카이프로 정신분석 상담을 하는 것에 까다롭게 굴며 이론적인 이유로 반대하던 분석가들이 일대일로 직접 환자를 만나는 일이 불가능해지면서 수입이 줄자 어떻게 즉각적으로 원격상담을 받아들였는지 지적했다.

코로나바이러스의 위협을 둘러싼 투피남바의 첫 번째 성찰은 다음과 같다. 이 현상은 그에게 프로이트가 『쾌원리의 너머』 첫머리에서 지적했던 사항을 떠오르게 했다. 프로이트를 괴롭혔던 애초의 수수께끼는 "전쟁터에서 부상당한 병사들이 아무 부상도 입지 않고 돌아온 사람들—전투의 폭력적 이미지와 환상을 거듭 겪으며 꿈을 반복적으로 꾸는 사람들—보다 자기들의 트라우마(정신적 외상) 경험을 더 잘 헤쳐나갈 수 있었다"는 사실이다. 투피남바는 이 현상을 2013년 브라질에서 있었던 저 유명한 정치 시위 '6월 여행June Journeys'의 기억과 연결시킨다.

> 여러 전투적 단체들에서 꽤 많은 친구들이 왔는데, 시위대 선봉에 섰다가 경찰에게 맞고 부상을 당했던 이 친구들은 이 상황으로 인해 '낙인찍힌' 것에 일종의 개인적 안도감을 드러냈다. 그때 나의 직감은 그들이 당시의 순간을 형성한 보이지 않는 정치적 권력을 그 상처 덕분에 자신이 감당할 만한 개별적 조치로 '축소시켜' 난폭한 국가권력에 모종의 제한을 가할 수 있었다는 것이다. 이는 마치 찰과상과 타박상이 대타자의 모

습을 드러내게 만든 것과 흡사했다.

(여기서 '대타자'는 피해망상증 환자를 괴롭히는 보이지 않는 전능한 행위자다.)

투피남바는 나아가 이와 동일한 역설이 HIV 위기가 도래했던 시기에도 있었다고 지적했다.

HIV의 보이지 않는 확산은 극도로 신경을 건드렸고, 문제의 엄청난 규모로 인해 우리 자신이 그 일을 감당할 수 없을 정도가 되어버린 나머지, 여권에 HIV 보균자라고 '낙인찍히는' 일이 벌어지더라도 어떤 이들은 그것이 그 상황을 모종의 상징적 틀에서 이해하기 위한 대가 치고 터무니없이 높다고 느끼지 않았다. 그 낙인은 적어도 바이러스의 위력을 감지할 수 있게 해줄 것이고, 이미 바이러스에 감염된 상태에서 우리가 어떤 종류의 자유를 여전히 누릴 수 있는지 알아볼 수 있는 상황으로 우리를 인도할 것이기 때문이다.

여기서 우리가 다루고 있는 것은 라캉이 정리했던 현실과 실재의 구분이다. 현실은 외부 현실, 우리에게 익숙하며 그 속에서 우리가 우리 자신을 다스리고 다른 이들과 교류할 수 있는 우리의 사회적이고 물질적인 영역인 반면, 실재는 유령 같은 실체로서 눈에 보이지 않으며 바로 그 이유 때문에 전능한 힘으로 나타난다. 이 유령 같은 행위자가 우리 현실의 일부가 되면 (비록 이것이 바이러스 감염을 뜻한다 해도) 그 위력은 국지화되고 (우리가 그 싸움에서 지더라도) 우리가 감당할 수 있는 어떤 것이 되어버린다. 이 현실로의 변환이 일어나지 않는 한, "우리는 불안한 피해망상(순전한 전지구성)에 갇혀버리거나 우리를 불필요한 위험들(순전한 지역성)에 노출시키는 행동들을 실행함으로써 효과 없는 상징화들에 의탁하게 된다." 이러한 "효과 없는 상징화들"은 이미 수많은 형태를 취하고 있다. 가장 잘 알려진 사례는 위험을 무시하며 미국인은 일터로 돌아가라고 떠드는 트럼프의 요청이다. 그러한 행동은 집에서 텔레비전을 앞에 놓고 축구 경기를 보면서 마치 자기들이 결과에 마술적인 영향을 줄 수 있다는 듯 법석을 떨며 소리를 지르거나 손뼉을 치는 것보다 훨씬 더 못난 행동이다. 그러나 이것이 우리가 무기력하다는 것을 뜻하지는 않는다. 우리는 이 교착 상태에서 빠져나갈 수 있으며, 심지어 과학이 바이러스를 억제할 수 있는 기술적 수단을 마련하기 전에도 그럴 수 있다. 다시 투피남바를 인용해 보겠다.

팬데믹의 최전선에 있는 의사, 변두리 공동체에서 상호부조 시스템을 만들고 있는 사람 같은 이들이 정신나간 피해망상증에 빠질 위험이 훨씬 적다는 사실은, 내가 보기에 오늘날 정치적 작업의 어떤 형태들에는 "부수적인" 개인적 혜택이 있음을 뜻한다. 모종의 매개들을 통해 진행되는 정치는—그리고 국가는 이 상황에서 활용할 수 있는 유일한 수단인 경우가 많은데 내 생각에 이는 우연인 것 같다—상황을 변화시킬 수 있는 수단을 우리에게 제공할 뿐만 아니라 우리가 잃어버린 것들에 제대로 된 형태를 부여하기도 하는 것 같다.

영국에서 40만 명이 넘는 젊고 건강한 사람들이 바이러스로 어려움에 처한 사람들을 돕기 위해 자원봉사에 나섰다는 사실은 이 방향으로 가고 있다는 훌륭한 신호다. 그런데 우리 가운데 이러한 식으로 참여할 수 없는 사람들은 어떻게 해야 할까? 팬데믹 시절을 살아가는 정신적 압박을 능히 이겨내기 위해 우리는 무엇을 할 수 있을까? 여기서 내 첫 번째 규칙은 이렇다. 지금은 우리가 모종의 정신적 진정성을 추구할 때가 아니고, 우리 존재의 궁극적 심연을 마주할 때가 아니다. 고인이 된 자크 라캉의 표현을 빌리자면, 수치심을 갖지 말고 당신의 증상과 동일시하기 위해 노력하라. 이 말의 뜻은—여기서는 조금 쉽게 말해보겠다—우리의 일상적 삶을 안정시키는 데 도움이 되는 모든 사소한 의례, 진부한 표현, 괴

팍함 같은 것을 충분히 떠안으라는 것이다. 신경쇠약을 막는 데 도움이 된다면 효과가 있는 모든 일이, 심지어 사물성애적 부인fetishist denial의 형태들, 즉 "(상황이 얼마나 심각한지는)··· 잘 알고 있지만, 그럼에도··· (정말로 믿지는 않아요)" 같은 태도도 허용되어야 한다. 장기적 안목에서 너무 많은 일을 생각하지 말고 그저 오늘에만, 잠들기 전까지 무슨 일을 할 것인지만 집중하라. 영화 〈인생은 아름다워〉에 나오는 게임을 해보는 것도 좋을 것이다. 즉 봉쇄 상태가 당신과 당신 가족이 자유롭게 참가할 수 있고 이기면 큰 상이 기다리고 있는 한갓 게임에 불과하다고 말이다. 그리고 어떤 주제의 영화와 텔레비전을 봐야 할지 고르는 문제라면, 기꺼이 당신의 모든 길티 플레저에 복종하라. 파국적 디스토피아, 〈윌 앤드 그레이스〉 같이 판에 박힌 웃음소리를 틀어주는 코미디 시리즈, 옛 대전투들을 다룬 '유튜브' 다큐멘터리도 괜찮다. 내가 탐닉하는 것은 〈트랩드〉나 〈발할라 살인〉같이 어두운 스칸디나비아풍—되도록이면 아이슬란드의—범죄물 시리즈다.

그렇지만 그저 텔레비전이나 모니터 화면에 몰두하는 일은 우리를 완전히 구해주지 못할 것이다. 가장 중요한 과제는 우리의 일상적 삶을 탄탄하고 의미 있는 방식으로 직조하는 일이다. 이쯤에서 또 다른 친구인 독일 〈디 벨트〉 기자 안드레아스 로젠펠더가 소개한, 요새 떠오르고 있는 새로운 일상 영위의 태도를 전한다.

나는 이 새로운 윤리에 무언가 영웅적 측면이 있음을 진정 느낄 수 있고 언론계에 대해서도 마찬가지다. 모두가 밤낮으로 자택에서 일하고, 화상회의에 참여하면서 동시에 아이들을 돌보거나 가르치지만, 아무도 자기가 왜 그렇게 하고 있는지 묻지 않는다. 이제는 "이렇게 해서 돈을 벌면 휴가를 떠날 수 있으니까" 따위의 문제가 아니기 때문이다. 누구도 다시 휴가를 갈 수 있게 될지 돈을 벌 수 있게 될지 모르니 말이다. 이 새 윤리는 우리가 아파트, 음식과 물 같은 기초물품들을 갖고 있으며, 타인을 향한 애정과 정말 의미 있는 일을 그 어느 때보다 지금 행하면서 살고 있다는 생각이다. 지금 '더 많은 것'을 원하는 일이 비현실적이라는 생각이다.

나는 우리가 아무 부끄러움 없이 하나의 소외되지 않은, 온전한 삶이라 부를 수 있는 어떤 것을 이보다 더 훌륭하게 그려낼 수 있을지 상상할 수가 없고, 이러한 태도 일부가 팬데믹이 지나간 뒤에도 살아남길 희망해본다.

PANDEMIC PANIC

특별 기고문

무엇을, 어떻게 할 것인가

지금의 현실은 무슨 영화일까?

우리는 요즘 할리우드 디스토피아 영화에서 보던 장면들을 실제 현실에서 겪고 있다는 이야기를 자주 듣는다. 그렇다면 어떤 종류의 영화들을 현실에서 보고 있는 것일까?

미국의 친구들에게 총기 판매점의 재고가 약국 재고보다 더 빨리 바닥났다는 소식을 전해들었을 때 나는 총을 구매한 사람들의 논리가 무엇일지 상상해보려고 했다. 아마도 그들은 자신을 물품이 잘 구비된 집에 안전하게 고립되어 굶주리고 감염된 폭도들에게 총으로 맞서 가정을 지키는 사람이라고 생각했을 터다. 마치 좀비들의 공격을 다룬 영화에서처럼 말이다. (이 시나리오보다 훨씬 덜 혼란한 판본도 상상해볼 수 있겠다. 한 사람당 10억 달러의 입장료를 내고 2000여 명의 선택된 자들만 생존하는 롤런트 에머리히의 영화 〈2012〉처럼 엘리트들은 격리된 지역으로 떠나 살아남을 것이다.)

이와 유사한 파국이 전개되는 또 다른 시나리오가 떠오른 것은 다음과 같은 뉴스 기사를 읽었을 때다. "〔미국에서〕 사형을 집행하는 주들이 〔사형집행을 위해〕 비축해둔 약물들을 코로나19 환자들을 위해 방출하라고 촉구했다. 고위 보건 전문가들은 치사용 주사에 쓰이는 약물들이 〔바이러스 환자들에게〕 매우 긴요한 처방이 되어 '수백 명의 목숨을 건질 수 있다'고 주장하는 성명서에 서명했다."* 나는 이 성명서의 목적이 환자들을 죽이는 것이 아니라 그들의 고통을 덜어주는 것이라는 점을 금방 이해했다. 그러나 아주 잠깐 영화 〈소일렌트 그린〉을 떠올리지 않을 수 없었다. 이 영화는 대재앙 이후 인구가 과밀화된 지구에서 벌어지는 일을 그린다. 너무나 타락한 세계에 사는 삶에 염증을 느낀 나이 든 시민들은 "신의 땅으로 귀환"할 기회를 얻게 된다. 그들은 정부에서 마련해준 진료소 안에 편안히 앉아 원시 자연의 풍경을 스크린으로 감상하면서 천천히 고통 없이 잠에 빠져든다… 미국의 일부 보수주의자들이 경제가 돌아가게 하고 미국식 생활방식을 지켜내기 위해 일흔이 넘은 사람들의 목숨이 희생되어야 한다고 주장했을 때, 이보다는 이 영화에 나온 선택이 더 '인간적' 방식은 아니었을까?

---

* [원주] 에드 필킹턴, 「사형집행 주들이 비축된 약물들을 코로나19 환자들을 위해 방출하라고 촉구하다」. Ed Pilkington, "Death penalty states urged to release stockpiled drugs for Covid-19 patients", 〈www.theguardian.com〉. 2020년 4월 13일.

그러나 아직 한참 멀었다. 코로나바이러스가 퍼져나가기 시작한 시점에 지배적이던 견해는, 이 난리가 봄이 되어 날이 더 따뜻해지면 곧 사라질 잠깐의 악몽에 불과하리라는 것이었다. 이때 〔우리 머릿속에서〕 다시 상영되었던 영화는 지진이나 토네이도 같은 단기간의 공격이 끝난 뒤 우리가 얼마나 근사한 세상에 살고 있는지 감사하게 만드는 그런 영화였다. (이 시나리오 판본의 하위장르로는 한 과학자가 마지막 순간에 감염을 막는 치료제를 성공적으로 발명해 인류를 구하는 이야기가 있다. 이게 지금 우리 대부분이 속으로 바라는 이야기일 것이다.)

이 유행성 감염병이 적어도 얼마 동안 우리 곁에 머무를 것이며 인류의 모든 삶을 크게 바꾸어놓으리라는 사실을 받아들여야 하는 상황이 되니, 또 다른 시나리오감이 여기저기서 등장하고 있다. 이번엔 디스토피아로 위장된 유토피아다. 케빈 코스트너가 감독과 주연을 맡은 영화 〈포스트맨〉을 떠올려보자. 1997년에 나온 이 영화는 대재앙 이후를 다룬 실패작으로, 알 수 없는 참혹한 사건이 인류 문명에 커다란 충격을 남기고 기술 대부분을 파괴해버린 뒤 15년이 지난 2013년을 배경으로 한다. 영화는 한 이름 없는 떠돌이 방랑자의 이야기를 따라간다. 그가 옛날 미국 우편국 집배원들의 복장을 우연히 발견한 뒤 흩어져 있는 마을들에 우편물을 배달하기 시작하면서 "재건 미국"을 대표해 활동하는 척하는 이야기다. 다른 사람들이 그를 따라 하기 시작하고 이 게임을 통해 차차 미국의 기본 제도 네트워크가 다시 생겨난다… 대재앙의 파괴라는 바닥에 다다른 뒤 생겨난 유토피아는 우리가 지금 알고 있는 미국과 동일하고 그 포스트모던한 과잉들만 제거되었을 뿐이다. 우리 삶의 기본 가치들이 완전하게 다시 긍정되는 온건한 사회의 모습이다.

이 모든 시나리오는 코로나바이러스 감염병을 둘러싼 정말 이상한 사실, 즉 비재앙적non-apocalyptic 특징을 놓치고 있다. 이 바이러스는 우리가 알고 있는 세상의 완전한 파괴와 같은 종말을 뜻하지 않으며, 지금껏 감춰진 어떤 진리가 드러남을 뜻하는 본래 의미의 묵시적 파국과도 같지 않다. 그렇다, 우리가 사는 세상은 지금 무너져내리고 있다. 그러나 이 무너져내리는 과정은 끝이 보이지 않고 계속 이어질 뿐이다. 감염자와 사망자의 수가 급증하자 언론들은 우리가 정점에서 얼마나 멀리 떨어져 있는지 내다본다. 벌써 그 지점에 도달한 것인가, 한두 주일 내에 그때가 올 것인가? 우리 모두는 마치 이 정점이 지나면 점차 일상성으로 복귀할 수 있다는 듯이 감염병의 최고점을 애타게 주시한다. 그러나 이 위기는 그저 계속 이어질 뿐이다. 아마도 우리는 용기를 내 앞으로 감염병과 환경교란이 위협하는 바이러스의 세계에 살게 되리라는 사실을 받아들이는 편이 좋을 것이다. 어쩌면 바이러스 백신이 발견된다 해도 또 다른 유행병이나 생태적 재난의 위협 아래 계속 살아가야 할지 모른다. 우리는 이제 유행성 감염병이 여름의 더위를 만나면 증발해 버릴 것이라는 꿈에서 깨어나고 있으며, 장기적으로 뚜렷하게 보이는 출구 전략이 없다는 것을 알게 되었다. 유일하게 필요한 논쟁은 어떻게 봉쇄 조치들을 점진적으로 완화할 것인가 여부일 뿐이다. 이 감염병이 언젠가 결국 물러간다 해도 우리는 너무나 지치고 탈진한 나머지 기뻐할 여력도 없을 터다. 이러한 시나리오는 어떤 의미가 있을까? 4월 초 영국의 한 유명 일간지에 실린 이 기사는 그럴듯한 이야기 하나를 들려준다.

> "근본적 개혁들—지난 40년을 지배했던 정책 방향을 뒤집는 일—이 논의의 장에 올라올 필요가 있다. 각국 정부들은 경제에서 좀 더 적극적인 역할을 떠맡아야 할 것이다. 공공서비스를 의무적 책임이 아니라 투자로 보아야 하며, 노동시장을 덜 불안하게 만드는 길을 모색해야 할 것이다. 재분배가 다시금 의제가 될 터이며, 고령층과 부유층의 특권이 문제로 다뤄질 것이다. 최근까지 특이한 것으로 취급된 정책들, 예컨대 기본소득과 부유세 등이 논의에 포함될 것이다."*

---

* [원주] 편집위원단, 「바이러스가 사회적 계약의 약점을 드러내다」. Editorial Board, "Virus lays bare the frailty of the social contract", 〈www.ft.com〉, 2020년 4월 3일.

이 주장은 영국 노동자 선언의 재천명인가? 아니다. 이 대목은 〈파이낸셜 타임스〉 사설의 일부다. 이와 동일한 취지에서 빌 게이츠는 질병에 맞서 싸울 '전 지구적 접근법'을 요청하면서 바이러스가 발전도상국들 사이에서 무방비로 퍼지게 놓아둔다면 후속 파고가 부유국들로 되돌아와 덮칠 것이라고 경고한다. "부유국들이 앞으로 몇 달 동안 병의 속도를 더디게 하는 데 성공하더라도 세계적 유행, 즉 팬데믹이 다른 지역에서 여전히 극심한 상태로 지속되는 한 코로나바이러스는 돌아올 수 있다. 지구상의 한 지역이 다른 지역을 감염시키는 일은 그저 시간문제일 뿐이다… 나는 자본주의를 대단히 신뢰하지만 어떤 시장들은 팬데믹 상황에서 전혀 제대로 작동하지 못하는데, 구명장비 시장이 그 단적인 사례다."*

솔깃한 말들이긴 하지만 이 예측과 제안은 너무 수수하다. 훨씬 더한 조치들이 요구된다. 아주 기본적 수준에서 우리는 이윤 가능성이라는 논리를 과감히 건너뛰고 한 사회가 계속 작동하기 위해 자원들을 동원할 능력이라는 측면에서 생각하기 시작해야 한다. 우리는 이미 충분한 자원들을 보유하고 있으며, 해야 할 일은 그것들을 시장의 논리와 상관없이 직접 배분하는 일이다. 보건의료, 지

* [원주] 폴 누키, 「코로나바이러스: 빌 게이츠가 마스크, 치료법, 백신에 대한 전 지구적 협정을 요청하다」. Paul Nuki, "Coronavirus: Bill Gates calls for global agreements on masks, treatments and vaccines", 〈www.msn.com〉, 2020년 4월 11일.

구 생태계, 식량의 생산과 분배, 수도와 전기의 공급, 인터넷과 전화의 원활한 작동 등이 우선 유지되어야 하며, 다른 모든 것은 부차적일 따름이다.

이 주장에는 한 국가가 개개인들을 동원할 의무와 권리 역시 함축되어 있다. 프랑스에서 지금 문제로 떠오른 일이 하나 있다. 지금이 봄철 채소와 과일을 수확하는 시기여서 평소 같으면 수천 명의 계절 노동자들이 스페인과 다른 나라들에서 수확 일을 위해 몰려든다. 그런데 지금 국경이 닫혔으니 누가 그 일을 할 것인가? 프랑스는 벌써부터 외국인 노동자들을 대체할 지원자들을 찾고 있는데, 만일 인력이 부족하다면 어떻게 될 것인가? 식량이 필요한 상황이니 국가가 직접 나서는 것이 유일한 길이 아닐까?

알렌카 주판치치가 사적인 대화에서 간명하고 분명하게 지적했듯, 모두 힘을 합쳐 팬데믹에 대처하는 일이 팬데믹 그 자체보다 더 손해가 크다면, 이는 그러한 힘의 연대를 뒷받침할 수 없는 사회와 경제에 무언가 끔찍한 문제가 있다는 신호가 아니겠는가? 어째서 연대와 경제 사이에 선택이 존재해야 하는가? 이러한 선택을 마주한 우리의 대답은, "커피나 차? 네, 주세요!"라고 할 때처럼 단순해야 하지 않을까? 우리가 필요로 하는 새로운 질서를 뭐라고 부를지는 전혀 중요하지 않다. 공산주의라고 부르든, 페터 슬로터다이크의 말대로 바이러스 공격에 대항하기 위해 집단적으로 조직된 면역 체계라는 뜻으로 공면역주의Co-immunism라고 부르든 핵심은 마찬가지다.

지금 이 현실은 이미 상상된 적이 있던 그 어떤 시나리오도 따르지 않을 테지만, 우리에게는 정말 필사적으로 새로운 대본들이 필요하다. 우리 모두에게 인식의 지도 그리기를 건네줄 수 있는 새로운 이야기들, 우리가 어디로 향할지 그려줄 현실적이면서도 파국적이지 않은 의미가 담긴 이야기가 필요하다. 우리에게는 희망의 지평선, 그리고 팬데믹 이후의 새로운 할리우드가 필요하다.

우리는 무엇을 모르고, 무엇을 알고 싶지 않으며, 무엇을 할 수 있나?

막스 형제의 영화 〈오리 수프Duck Soup〉의 한 장면. 변호사 그로초는 법정에서 자신의 고객을 변호하며 말한다. "저 친구가 바보처럼 보일 수도 있고 바보처럼 말하는 걸로 보일 수도 있지만 보이는 것에 속아넘어가면 안 됩니다. 저 친구는 진짜로 바보예요." 우리는 국가의 명령을 기본적으로 불신하면서 봉쇄 조치를 두고 감염병을 핑계 삼아 우리의 기본 자유를 빼앗으려는 국가권력의 음모라고 생각하는 사람들에게 이 대사와 비슷한 말로 대응해야 한다. "국가는 우리의 자유를 빼앗으려고 봉쇄 조치를 강요하고 있고, 우리가 이 명령을 얼마나 잘 따르는지 서로서로 감시하길 바라겠지. 그렇지만 이 조치가 우리를 바보로 만들어서는 안 되니 우리는 이 봉쇄 조치 명령을 정말로 따라야 할 거야."

우리는 여기서 봉쇄 조치를 폐기하라는 외침들이 어떻게 전통적 정치 스펙트럼의 반대편 양극단에서 생겨나는지 짚고 넘어가야 한다. 미국에서 그들은 자유지상주의 우파의 부추김을 받고 있으며, 독일에서는 소규모 좌파 집단이 그들을 옹호한다. 두 집단 모두, 의료 지식은 사람들을 통제하려는 수단, 즉 자신들을 자기 스스로의 이익을 위해 고립되어야 하는 힘없는 희생양 취급을 하는 도구라고 비난한다. 이 비판적 자세의 아래에서 어렵지 않게 발견할 수 있는 사실은 '알고 싶지 않아' 하는 태도다. '우리가 이 위협을 무시한다고 해도, 그게 그렇게 나쁜 일은 아닐 테고, 우린 잘 헤쳐나갈 수 있을 거야…' 미국의 자유지상주의 우파는 봉쇄 조치가 완화되어 사람들이 선택의 자유를 되찾아야 한다고 소리를 높인다. 어떤 자유? 로버트 라이시가 갈파했듯 "트럼프 행정부의 노동부는 일시 휴직 중인 고용인들이 일터로 복귀하라는 고용주의 제안을 '반드시 받아들여야 한다'고 강조했고, 그렇게 코로나19 감염 여부와 상관없이 실업수당 혜택을 박탈하는 조치를 내렸다. 사람들에게 코로나바이러스에 걸리거나 생계수단을 잃거나 둘 중 하나를 선택하라고 강요하는 일은 비인간적이다."* 그러니 맞다. 이건 선택의 자유다. 굶어 죽거나 목숨을 무릅쓰거나. (하나만 예를 들면)

* [원주] 로버트 라이시, 「도널드 트럼프의 미국 경제 재개 4단계 계획, 왜 치명적인가」. Robert Reich, "Donald Trump's four-step plan to reopen the US economy and why it will be lethal", 〈www.theguardian.com〉, 2020년 5월 3일.

우리는 18세기 영국 석탄 광산의 상황으로 돌아간 것이다. 거기서 작업하는 것은 목숨을 잃게 될 엄청난 위험을 무릅쓰는 일이다.

그런데 극심한 봉쇄 조치의 강행을 부추기는 또 다른 무지의 인정도 있다. 국가권력은 감염병을 구실 삼아 완벽한 통제를 강요하려는 것이 아니다. 나는 점점 더 여기에 일종의 무지몽매한 상징적 행위가 작용하고 있다고 생각하게 되었다. 우리가 진짜로 뼈아프고 강력한 희생의 몸짓을 보여주고 우리의 사회적 삶 전체를 정체 상태에 빠지게 한다면, 어쩌면 자비를 기대할 수도 있지 않을까 생각하는 것이다. 놀라운 사실은 (과학자를 포함한) 우리가 감염병이 어떻게 작동하는지 너무나 모르는 것처럼 보인다는 점이다. 우리는 꽤 자주 관계 당국으로부터 모순되는 권고를 듣는다. 바이러스 감염을 막기 위한 엄격한 자가격리 지침을 받으면서도, 감염자의 수가 감소하면 이런 식으로 가면 예상되는 바이러스 공격의 2차 파동에 우리 스스로 더 취약해지는 것 아니냐는 두려움이 생겨난다. 아니면, 우리는 다음 파동이 오기 전에 백신이 나오리라는 기대를 걸고 있는 것인가? 하지만 바이러스의 다른 변종들이 이미 존재하고 있는데, 백신 하나가 그 모든 것을 감당할 수 있을까? 여름 더위, 집단면역의 빠른 확산, 백신 등… 신속한 탈출을 향한 모든 희망은 사라져가고 있다.

이런 이야기도 자주 듣는다. 감염병으로 인해 서구인은 죽음을 대하는 방식의 변화, 즉 우리의 필멸성과 우리 존재의 연약함을 진심으로 받아들이길 요구받을 것이라는 이야기다. 알 수 없는 곳에서 바이러스가 하나 도래해서 우리 삶이 끝이 났다. 듣기로는 바로 이것이 동아시아 지역에서 감염병에 훨씬 더 잘 대처하고 있는 이유라고 한다. 그저 삶의 일부로, 만물이 존재하는 방식의 하나로 받아들인다는 것이다. 서구에서는 죽음을 삶의 일부로 받아들이기를 점점 더 어려워하며 무언가 낯선 것의 침입으로 간주한다. 그래서 우리가 만일 건강한 삶을 살고 운동하고 식단을 조절하며 트라우마를 피한다면 죽음을 무한정 미룰 수 있다고 본다. 나는 이 이야기를 전혀 믿지 않는다. 어떤 면에서 죽음은 삶의 일부가 아니라 무언가 상상할 수 없는 일, 내게 벌어져서는 안 되는 그 무엇이다. 나는 참을 수 없는 고통으로부터 도망치기 위해서가 아닌 한 정말로 죽을 준비가 되어 있지 않다. 이 점은 왜 요즘 우리 중 많은 사람이 매일 똑같이 마법의 숫자에 관심을 쏟는지 설명해준다. 이 많은 새 확진자, 완치자, 사망자… 이 숫자들이 끔찍하기는 하지만, 그 숫자들에 집요하게 집중하는 바람에 바로 지금 이 순간 암이나 고통스러운 심장마비로 죽어가고 있는 훨씬 더 많은 수의 사람들을 무시하게 되는 것은 아닌가? 바이러스를 벗어난다고 해도 그냥 삶이 오는 것은 아니고 거기도 마찬가지로 죽어가는 과정, 죽음이 있다. 여러 숫자를 비교해보는 것은 어떨까? 오늘날 얼마나 많은 사람이 바이러스에 감염되고 암에 걸리고, 얼마나 많은 사람들이 바이러스와 암으로 죽으며, 얼마나 많은 사람들이 바이러스와 암에서 회복되었을까?

우리는 여기서 우리의 상상의 틀을 바꿔서, 큰 정점에 이른 다음 사태가 점차 정상으로 돌아갈 것이라는 기대를 멈추어야 한다. 감염병이 정말로 참기 힘든 이유는 설사 완전한 파국이 나타나지 못할지라도 상황이 마냥 늘어져서, 최고점에 이르렀다는 소식을 듣고 사태가 조금 나아지나 싶다가… 위기가 그냥 질질 이어지기 때문이다. 알렌카 주판치치가 지적했듯, 세계의 종말이라는 문제는 프랜시스 후쿠야마의 역사의 종언의 요지와 동일하다. 종말 그 자체는 끝나지 않고, 우리는 그저 기이한 비작동 상태에 갇히게 된다. 우리 모두의 은밀한 소망은, 우리가 내내 생각하고 있는 것은, 언제 끝날 것인가, 그저 그것 하나뿐이다. 하지만 끝나지 않을 것이다. 현재 진행형인 감염병이 생태주의적 재난의 새로운 단계를 공표하고 있다고 보는 것이 합리적이다. 지난 2017년 영국 BBC 방송은 인간이 자연에 개입하는 방식들로 인해 어떤 일이 인류를 기다리고 있는지 그려냈다. "기후변화는 수천 년 동안 얼음 상태였던 영구동토층을 녹이고 있으며, 그 토양들이 녹는 바람에 그동안 잠자고 있던 고대의 바이러스들과 박테리아들이 풀려나 소생하고 있다."*

이 '끝이 보이지 않는다는 시각'의 유별난 아이러니는, 대중과학을 전달하는 언론이 우리 삶의 디지털화에서 나타나는 두 가지 측면에 강박적으로 사로잡혀 있는 시점에 감염병이 터져버렸다는 점이다. 한편에서는 '감시 자본주의surveillance capitalism'라고 불리는 자본주의의 새로운 단계, 즉 국가기관들과 민간기업들이 행사하는 우리 삶의 완전한 디지털 통제를 두고 많은 글들이 나오고 있다. 다른 한편에서 언론들은 직접적인 뇌-기계 인터페이스("연결된 뇌")라는 주제에 매료되고 있다. 첫째, 우리의 뇌가 디지털 기기에 연결된다면, 우리는 그저 생각만 함으로써 현실에서 사건들이 벌어지게 할 수 있다. 그렇게 되면 나의 뇌는 다른 뇌와 직접적으로 연결되고 또 다른 개인이 내 경험을 직접 나눌 수 있다. 외부의 간섭이 극단적으로 이루어지면, 연결된 뇌는 레이 커즈와일** 이 '특이점singularity'이라고 부른, 공통의 보편적 깨달음이 이루어지는 신성한 전 지구적 공간의 전망을 열어놓는다. 당분간은 의심스러운 이 아이디어의 과학적 위상이 어떻든, 이것이 실현되면 사유하고 말하는 존재로서 인간의 기본 특성들이 영향을 받을 것이다.

---

* [원주] 재스민 폭스스켈리, 「수세기 동안 얼음과 영구동토층에 갇혀 있던 박테리아와 바이러스가 지구의 기후가 따뜻해짐에 따라 소생하고 있다」. Jasmin Fox-Skelly, "Long-dormant bacteria and viruses, trapped in ice and permafrost for centuries, are reviving as Earth's climate warms", 〈www.bbc.com〉, 2020년 5월 4일.

** 미국의 작가이자 미래학자.

특이점이 마침내 출현한다면 그 용어의 복잡한 의미 그대로 파국적apocalyptic일 것이다. 우리 평범한 인간 존재의 배후에 있는 진리와의 조우, 다시 말해 우리가 새로운 포스트-휴먼의 차원으로 진입함을 뜻할 것이기 때문이다.

감시 체계의 광범위한 활용이 무리 없이 받아들여졌다는 사실을 적시하는 일은 흥미롭다. 드론은 중국뿐만 아니라 이탈리아와 스페인에서도 활용되었다. 특이점의 정신적 비전을 두고 말하자면, 인간적인 것과 신적인 것 사이의 새롭고 직접적인 통합, 즉 우리가 육신을 지닌 존재라는 한계를 떨쳐버리게 될 그 축복은 하나의 새로운 상상 불가능한 악몽으로 나타날 수도 있다. 비판적 관점에서 보면, 우리 삶이 바이러스로 파탄나는 것과 특이점에 이르러 우리의 개별성을 상실하는 것 중 어느 것이 더 나쁜지 (인류에게 더 큰 위협인지) 판단하기 어렵다. 감염병은 이 선택이 품고 있는 모든 위험들과 함께, 우리가 육체적 존재에 굳건하게 뿌리내리고 있음을 상기시켜준다.

이 말은 우리가 처한 상황에 가망이 없다는 뜻인가? 절대로 그렇지 않다. 물론 헤아릴 수 없고 거의 상상할 수 없는 난관들이 놓여 있으며, 십억 명이 넘는 새로운 실직자들이 생겨날 것이다. 새로운 삶의 방식이 발명되어야 한다. 한 가지는 분명하다. 도시 봉쇄 시기에 우리는 쟁여둔 음식과 다른 식량들로 버티게 되는데 그 때문에 어려운 과제는 이제 봉쇄 상태에서 벗어나 바이러스가 항존하는 상황에서 새로운 삶을 고안하는 일이다. 무엇이 허구이고 무엇이 현실인지가 얼마나 바뀌어버릴지 한번 생각해보자. 사람들이 길거리를 자유롭게 거닐고 악수하며 포옹하는, 그런 일상의 삶이 벌어지는 영화들과 텔레비전 시리즈들은 잃어버린 과거 세계의 향수 어린 이미지가 될 것인 반면, 우리의 실제 삶은 사뮈엘 베케트의 후기 희곡 『플레이*Play*』의 한 변형처럼 보일 것이다. 그 극의 무대에서 우리는 세 개의 똑같이 생긴 회색 항아리가 서로를 쓰다듬는 장면을 보게 된다. 각 항아리에서는 머리가 불거져 나와 있고, 목은 항아리의 입구에 바싹 붙어 있는 모습을.

그렇지만 (아주 어렵더라도) 이 사태를 적당히 떨어져서 단순한 눈으로 바라보게 되면, 우리 전 지구 사회는 우리 생존에 도움을 주고 좀 더 수수한 삶의 방식을 꾸릴 수 있도록 하는 자원을 충분히 갖고 있음이 분명하다. 지역의 식량 부족은 전 지구적 협력으로 보충되고, 전 지구적 건강관리 시스템은 다음번 습격을 더 잘 준비할 것이다. 우리가 이 일을 할 수 있을까? 아니면 건강 위기에 우리의 모든 관심을 쏟음으로 인해 오래된 (냉전과 열전 같은) 갈등이 전 지구 대중의 시야 바깥에서 계속 벌어지게 놔두는, 새로운 야만의 시대에 들어서게 될 것인가? 시리아, 아프가니스탄, 그리고 다른 지역에서 마치 바이러스처럼 번지고 있는, 수년 동안 계속 그저 질질 이어지는 실제 화력 전쟁들은 말할 것도 없고, 미국과 중국 간에 다시 불거진 냉전도 주시하자. (프랑스 대통령 마크롱이 이 감염병의 시기에 전 세계에 걸쳐 휴전하자고 했던 제안이 얼마나 단번에 무시되었는지 유념하자.) 우리가 어떤 길을 갈지, 이 선택은 과학이나 의학과 상관없는, 철저하게 정치적인 선택이다.

바이러스 세상에서 맞는 노동절

어쩌면 이제 감염병에만 온통 집중된 우리의 관심에서 한 걸음 물러나 이 감염병과 그 처참한 결과들이 우리의 사회적 현실에 무엇을 드러내주었는지 생각해야 할 때가 되었는지도 모르겠다.

우리 눈길을 끄는 첫 번째 것은 "우리는 모두 같은 배에 타고 있다"는 초라한 모토와 대조적으로 계급차별이 폭발했다는 사실이다. (우리 사회 위계질서의) 가장 밑바닥에는, 삶이 너무도 궁핍한 나머지 바이러스가 중요한 걱정거리가 못 되는 사람들—난민들, 분쟁지역의 거주민들—이 있다. 우리 언론은 여전히 대부분 이들을 무시하는 반면, 바이러스에 맞선 싸움터의 최전선에 있는 간호사들에게 보내는 감상 어린 찬사들은 엄청나게 쏟아낸다. 영국의 왕립공군은 그들을 기리기 위해 에어쇼까지 벌였다. 그런데 간호사들이야말로 착취당하고 있는 전체 의료진들 중 가장 눈에 띄는 집단에 불과하다. 물론 마르크스주의적 상상력이 만들어낸 옛날의 노동계급처럼 착취당하는 것은 아니지만 말이다. 데이비드 하비가 지적했듯, 간호사들은 "새로운 노동계급"을 이루고 있다.

"계속 늘어나는 환자들을 돌보아야 하거나 일상적 삶의 재생산을 지탱하기 위해 필요한 최소한의 서비스를 제공해야 하는 이 노동자들은 대체로 심각하게 젠더가 편중되어 있고, 인종이 편중되어 있고, 출신지가 편중되어 있다. 이들은 현대 자본주의의 첨단에 서 있는 '새로운 노동계급'이다. 이 계급의 구성원들은 두 가지 부담을 떠안을 수밖에 없다. 그들은 단연코 자신들의 일터에서 바이러스에 감염될 수 있는 가장 큰 위험을 지니고 있으면서도, 또한 동시에 바이러스로 인해 강제된 경제적 비용 절감 조치 때문에 아무런 재정적 지원 없이 해고당할 위험이 가장 큰 노동자들이다. 우리 시대 미국의 노동자 계급—아프리카계 미국인들, 라틴계 출신들, 여성 임금 노동자들—은 난감한 선택의 상황에 처한다. 사람들을 돌봄으로써 식료품점 같은 식량 공급의 주요 장소들이 열려 있게 만드는 과정에서 스스로가 감염되도록 내버려두느냐 아니면 (적절한 건강관리 같은) 혜택이 아무것도 없는 실업 상태를 택할 것이냐."*

이 점이 바로 프랑스 파리의 가난한 북부 교외 지역에서 부자들의 삶에 봉사하는 사람들이 반란을 일으킨 이유다. 이 점이 바로 최근 몇 주 동안 싱가포르의 외국인 노동자 숙소들에서 코로나바이러스 감염 사례들이 극적으로 폭증한 이유다. "싱가포르는 주로 남아시아와 동남아시아에서 건너 온 140만 명에 달하는 이주 노동자들의 보금자리다. 가사도우미, 집사, 건설 노동자와 육체 노동자로 일하는 이 이주민들은 싱가포르가 계속 돌아가게 하는 데 필요 불가결하다. 그렇지만 또한 그 도시에서 가장 낮은 임금을 받는 가장 취약한 계급이다."** 이 새로운 노동계급은 예전부터 여기 쭉 존재했고, 감염병이 이들을 들쑤셔 드러나게 만든 것일 뿐이다.

이 계급을 지칭하기 위해 브뤼노 라투르와 니콜라이 슐츠는 "지구사회 계급geo-social class"이라는 용어를 새로 만들었다.*** 이들 중 대다수는 생산수단의 소유자들을 위해 일한다는 뜻을 담은 고전적 마르크스주의의 노동자처럼 착취당하지는 않는다. 그들은 수도와 깨끗한 공기의 보급, 건강, 안전같이 자신들이 스스로의 삶의 물

* [원주] Nikolai Schultz, "New climate, new class struggles", in Bruno Latour and Peter Weibel (eds.), *Critical Zones*, Cambridge: MIT Press, 2020.

** [원주] Jessie Yeung et al., "Singapore's migrant workers are suffering the brunt of the country's coronavirus outbreak", 〈edition.cnn.com〉, 2020년 4월 25일.

*** [원주] Jacob Stein et al., "A Conversation with Bruno Latour and Nikolaj Schultz: Reassembling the Geo-Social", *Theory, Culture and Society* 36: 7~8 (2019), 215~230쪽.

질적 조건들과 맺는 관계의 측면에서 "착취당한다." 지방의 인구들은 설사 그들이 외국계 회사들을 위해 일하지 않더라도, 자신들의 지역이 산업화된 농산물이나 거대한 탄광산업의 수출창구로 쓰일 때 착취당한다. 그들은 자신들의 삶의 방식을 유지하는 데 필요한 만큼 그 지역을 충분히 이용할 수 있는 권리를 빼앗긴다는 단순한 의미에서 착취당하고 있다. 소말리아 해적의 예를 들어보자. 그들이 해적이 된 까닭은 자기들이 사는 해안이 외국계 회사들의 산업화된 어업으로 인해 물고기들 씨가 말랐기 때문이었다. 그들 지역의 일부가 '선진국'들에게 점유되었고 유럽인들의 삶의 방식을 유지하기 위해 이용되었던 것이다. 슐츠는 여기서 "잉여가치surplus-value"의 착취를 "잉여존재surplus-existence"의 착취로 바꾸자고 제안하는데, 이때 "존재"는 삶의 물질적 조건들을 가리킨다.

자, 이제 우리는 바이러스 감염병을 통해 설사 공장들이 정지 상태에 있다고 하더라도 돌봄노동에 종사하는 지구사회 계급은 계속 일을 해야 한다는 사실을 발견하게 되었다. 그래서 이 시국에 맞는 첫 번째 노동절은 고전적 산업 노동자 계급 대신 이들에게 헌정하는 것이 알맞아 보인다. 그들은 정말로 과도하게 착취당하고 있다. 그들의 노동은 대부분 눈에 띄지 않기에 일을 하게 되면 착취당하고, 심지어 일을 하지 않는 경우에도 착취당하는 것이다. 자신들이 하는 일에서만 착취당하는 데 그치지 않고 그들의 존재 그 자체로 착취당하는 것이다.

부자들의 영원한 꿈은 오염된 일반 사람들의 거주지와 완전히 분리된 한 지역을 갖는 것이다. 그냥 닐 블롬캠프의 〈엘리시움〉같이 대재앙 이후를 다룬 무수한 블록버스터를 생각해보라. 2154년이 배경인 이 영화에서 부자들은 거대한 인공 우주정거장에 사는 반면 그 나머지 인구들은 마치 라틴아메리카의 빈민가를 확장해놓은 것처럼 보이는 폐허가 된 지구에서 거주한다. 현실 속 부자들은 모종의 파국이 올 때를 대비해 뉴질랜드의 저택들을 사들이거나 로키산맥에 있는 냉전 시대 핵폭탄 방어용 벙커를 개조하고 있다. 그런데 바이러스 감염병의 문제는 우리가 완벽하게 고립될 수 없다는 사실이다. 오염된 현실과의 최소한의 연결은 잘리지 않는 탯줄처럼 피할 수 없다.

옮긴이 해설

바이러스와 혁명

2019년 겨울 중국 우한에서 시작된 코로나19의 충격은 확진자와 사망자를 매일 갱신하면서 6개월 넘게 세계를 뒤흔들고 있다. 정도의 차이가 있을 뿐 세계 그 어느 나라도 이 바이러스에서 자유롭지 않고, 역설적이게도 가장 선진적 경제 시스템과 정치 체제를 자랑하던 나라일수록 속절없이 무너졌다. 처음엔 수천만 명이 사는 도시 전체를 하루아침에 봉쇄해버린 중국의 무모하고 극단적인 조치에 놀랐다가, 집단면역을 운운한 영국의 무책임한 방기에 한 번 더 어이없어했는데, 이제는 방역을 포기하고 개인의 '자유'와 국가경제로 줄달음치며 뿌리 깊은 인종차별로 신음하는 미국을 보며 가슴을 쓸어내린다. 무고한 시민을 흑인이라는 이유로 잔인하게 살해한 백인 경찰과 이에 반발한 시위 군중의 엄청난 폭발과 폭력은 코로나19가 초래한 의료 위기와 무관하지 않고 미국식 사회

시스템의 질곡을 드러낸다. 바이러스 사태를 정치적 음모로 해석하는 사람은 개인의 자유가 타인의 목숨을 담보로 한다는 자명한 진리마저 망각한다.

한국은 그나마 이 위기에 슬기롭게 대처하고 있는 듯하다. 다른 나라에 비해 방역에서 성공을 거둔 일은 국가 시스템의 신뢰도를 높였고 정치행위의 중요성을 일깨운다. 물론 많은 뼈아픈 희생을 겪었기에 가능한 일이었다. 이제 한숨 돌렸나 싶었더니 두 번째 습격이 가을쯤 다시 올 거라고 한다. 뒤흔들렸다는 말이 딱 맞을 만큼 모든 것이 마비되었고, 의식하지 않고 당연하게 여기던 것들, 우리가 일상이라고 부르던 일들이 이제는 기약 없는 과거가 되고 말았다. 계절 장비인 마스크가 필수품으로 자리 잡았고 사람들과 거리두기가 새로운 일상의 예절이 되고 나니, 우리가 바이러스 이전에 어떻게 살았는지 잊어버려서 기억을 더듬어야 하는 어처구니없는 처지가 되었다. 미래에 정말 '세상을 파는 가게'가 생겨 하루쯤 그 잃어버린 일상을 선물처럼 받아보길 바랄 수도 있을 것 같다. 방역에 성공한 나라와 그렇지 못한 나라의 명암이 엇갈리긴 하지만, 세계가 지금보다 더 가깝게 느껴진 적은 없었다. 지젝 말대로 우리는 지금 정말 한 배에 타고 있다.

초기의 혼란이 지나자 예상대로 여러 진단이 나왔다. 과학적 원인 규명에서부터 실질적 방역 대책과 효율적 치료 조치, 의료 위기의 정치적이고 경제적인 파급 효과, 그리고 바이러스 같은 재앙 이후에 인류가 맞게 될 세계의 전망까지. 시작은 있지만 끝은 없어 보이는 막막하고 두려운 현실을 앞에 두고 전문가들의 의견은 분분했다. 그렇지만 바이러스를 완전히 박멸하는 일은 불가능하며 좋든 싫든 인류는 앞으로 바이러스와 늘 동거하는 새로운 세상에 살게 될 것이라는 점에 견해가 거의 일치했다. 일반 사람들은 생각이 조금 달랐다. 매일매일 업데이트되는 수치를 강박적으로 확인하며 일희일비하거나 학교와 직장에 다시 나가 사람들과 대면할 날을 손꼽고 미뤄둔 여행을 떠날 수 있길 희망했다. 그러나 보이지 않는 바이러스에 언제든 숙주 역할을 할 수 있는 우리는 마침내 '인간적'이라는 형용사에서 '만지다'라는 뜻을 없애야 했다. 놀랍게도 직접 만나지 않고도 많은 일이 이루어졌다.

지젝은 "만지지 마라"는 그리스도의 전언이 포스트바이러스 시대 새로운 사랑의 기준이 된 이 어처구니없는 상황을 들여다보며, 낙담하거나 우울에 빠지지 말고 더불어 살아갈 궁리를 하자고 손짓한다. 바이러스가 인간이 지금까지 지구와 자연에 저지른 만행들이 자기 파괴의 현실로 되돌아온 참사라고 말하는 지젝은 윤리적 생태주의자로 보인다. 그런데 국가의 역할이 커지고 전 지구적 연대의 방식이 모색되어 새로운 공산주의가 등장하리라 전망할 때는 철두철미 유물론자가 된다. 지젝에게 바이러스는 자연의 복수에 혼쭐이 나고 있는 의료 참사가 아니라 인류가 만들고 영위해온 시스템의 자기모순이 확연하게 드러난 정치적 사건이다.

예상치 못하게 바이러스 시대를 맞은 그 시스템의 증상을 진단하고 환부를 처방하는 지젝의 입장은 단호하고 분명하다. 국가의 틀을 넘어 협력과 연대를 꾀하는 지구공동체로 갈 것이냐 아니면 계속 "우리 먼저!"를 외치는 새로운 배제와 차별의 야만주의로 퇴행할 것이냐. 바이러스와의 '전쟁'이라는 표현이 얼마나 터무니없는 발상인지 그가 신랄하게 비판하는 이유도 이 선택의 엄중함에 근거를 둔다. 지젝은 우리가 싸워야 할 대상이 바이러스라는 자연적·우발적 존재가 아니라 차별과 배제의 논리로 바이러스의 창궐과 확산을 악화시키는 우리의 사회적 시스템이라고 못 박는다. "바이러스는 계획과 전략을 갖추고 우리를 무찌르려는 적이 아니라, 어리석게 자가증식하는 한갓 메커니즘일 뿐이다." 한마디로 이 책은 바이러스의 정치학을 담고 있다.

지젝이 한병철의 근시안적 사태 진단을 비판하거나 아감벤의 국가권력 비판을 비판적으로 다루는 이유도 같은 맥락에 있다. 코로나19바이러스는 빈부와 나이와 피부색을 가리지 않고 감염시키지만, 감염의 경로와 정도와 속도, 치료의 접근성과 평등성에서는 우리가 만든 사회적 차별의 분리선을 따라 확연히 갈라진다. 바이러스 진단과 치료의 전 과정이 보편적 건강의료 체계로 보장되는 나라와 민간의료보험에 의존하는 나라의 차이는 경제적 효율성이 생명 앞에서 얼마나 헛된 숫자놀음인지 드러낸다. 예방과 치료의 현장에서 싸우는 의료진만이 아니라 모두의 자가격리를 위해 감염을 무릅쓰는 '새로운 노동자들'의 존재는 방역과 현존 경제 시스템 간의 사회적 모순을 단적으로 증명한다. 콜센터 노동자들과 택배 노동자들이 없는 자가격리와 사회적 거리두기는 상상하기 힘들지만 그들의 존재는 눈에 잘 띄지 않는다. 우리는 모두 같은 배에 타고 있지만, 선상의 고객들과 기관실의 선원들은 다른 공간에 존재한다. 지젝의 한병철 비판은 기관실의 참혹한 현실을 들여다보라는 주문이다.

바이러스와 함께 살아가야 할 앞으로의 세상에서 감염이 진행되는 이 사회적 차별의 분리선을 없애지 않고 진정한 방역에 성공할 수는 없다. 이 분리선을 지탱하고 있는 경제 시스템과 정치적 체제의 결합을 바꾸어야만 한다. 따라서 새로운 일상에서 방역과 사회적 차별의 철폐는 당위적 명령이 아니라 엄연한 정치적 과제다. 열악한 노동 현장의 개선과 그들의 노동에 대한 차별의 철폐 없이는 그 누구도 바이러스에서 안전하지 않다. 주판치치가 지적했듯, 나의 안전이 그들의 생존에 달려 있는 시스템, 그들의 노동을 "갈아 넣어야만" 유지되는 시스템은 무언가 크게 잘못되어 있다. 빌 게이츠의 성마른 지적에 동의하지 않더라도, 이 과제는 특정 국가에만 국한될 수 없다. 울타리를 높이고 벽을 쌓아 각자도생을 추구하는 새로운 중세로 퇴행하지 않는 다음에야 바이러스의 방역은 국가적 의료 정책이 아닌 전 지구의 사회적 의제가 되어야 한다. 그런 측면에서, 이 사태의 수습 방안을 두고 중국의 권위주의와 유럽의 민주주의의 우월성을 다투는 논리—미국은 거론할 거리조차 안 된다—는 전 지구적 협력과 거리가 먼 체제 경쟁의 논리, 새로운 냉전의 이데올로기다. (지젝은 언급하고 있지 않지만, 흥미롭게도 한국의 방역 성공은 이 대립 논리의 허구성을 드러내줄 뜨거운 감자가 될 수 있다.)

방역과 경제를 양립 불가능한 두 마리 토끼로 보거나 집단면역 같이 공리주의적 효율성을 따르는 입장을 지젝이 신자유주의적 자본주의의 논리라고 신랄하게 공격하는 이유도 이와 다르지 않다. 그에 따르면, 바이러스로부터 안전을 확보하는 일과 경제활동 자체는 어긋나지 않는다. 방역과 길항하는 것은 빈부격차와 노동착취로 연명하는 신자유주의적 자본주의 세계경제일 뿐이다. 봉쇄와 자가격리로 인한 재택근무 조치가 시작되자 이 시스템이 계약직 노동자들에게 강요한 선택은 이 체제의 민낯을 가감 없이 드러낸다. 감염의 위험을 감수하고 계속 일할 것인가 실업급여도 없이 해고되어 집에 머물 것인가. 방역도 경제도 그들을 외면한다. 이 경제 시스템을 바꾸지 않고 기회비용만 따져 한시적 위기를 넘기려는 조치는 노동자뿐만 아니라 우리 모두의 생명을 담보로 건 위험한 도박이다.

바이러스 감염병은 이렇게 한 순간에 예외적 비상사태를 정상상태로 바꾸어버렸다. 얼마동안 지속되다가 일상으로 돌아가는 예외 상태가 되리라는 전망은 시들고 바이러스와 동거하는 새로운 일상, 이른바 '뉴노멀'을 모색할 때가 되었다. '뉴노멀'은 국가의 공공연한 통제와 봉쇄와 명령과 감시가 방역의 이름으로 용인된 비상사태가 그대로 새로운 일상이 되어 상시적 체제가 된다는 말인가? 진단-추적-감시의 방역 체제라는 이름으로 시민의 일상을 공공연히 들여다볼 새로운 독재 체제가 들어설 가능성은 전혀 없을까? 아감벤의 우려가 시작되는 지점이 바로 여기다. 지젝은 바이러스 국면에서 방역을 위해 동원된 국가권력의 작동을 생명정치를 분석했던 방식으로 보아서는 안 된다고 반박한다. 가장 큰 이유는 바이러스조차 제대로 막지 못하는 국가권력과 자본권력이 정치적 통제를 위해 경제마저 희생할 만큼 어리석지 않기 때문이다.

> 국가권력을 향한 불신—"국가가 무기력해, 제대로 대응을 못해"—이 수반되고 자본의 원활한 재생산을 방해하는 공황상태를 조장하는 데 국가권력이 왜 관심을 갖겠는가? 국가의 지배력을 개선하기 위해 전 지구적 경제 위기를 촉발하는 일이

정말로 자본과 국가권력의 이익에 부합할까?

이러한 지젝의 반박에 아감벤은 어떻게 답할까. 극단적 봉쇄와 통제 같은 중국식 바이러스 대응에서 근대 생명정치의 극단을 보는 아감벤이 인권의 문제를 제기한 일은 관심을 받아 마땅하다. 미국과 중국 간의 새로운 냉전 같은 체제경쟁의 논리가 세계 정치에서 지속된다면 어느 쪽이든 권위주의적 통치를 강화할 가능성이 크다. 그러나 두 체제 모두 바이러스 국면에서 커다란 타격을 입었다. 게다가 방역에 협조하는 일이 곧 정치적 권리의 포기로 이어지지는 않는다. 어쩌면 이는 전 세계 민중들을 포퓰리즘의 희생양으로 보는 유럽 중심적 시각의 결과일 수도 있다. 지젝은 국가권력의 오용 가능성을 배제하지 않지만, 보이지 않는 존재인 바이러스가 인류의 삶을 이렇게 흔들어놓은 시간 속에서 새로운 정치적 변화의 계기를 만들 수 있다고 얘기한다.

아감벤의 우려만큼이나 지젝이 새로운 공산주의를 들먹이는 까닭도 곱씹어볼 필요가 있다. 지젝이 뜻하는 공산주의는 막연한 꿈이나 이데올로기가 아니라 실행 가능한 정치 원리다. 개인을 버리고 공동체의 집단성을 내세우는 권위주의의 논리가 아니다. 오히려 “이미 진행되고 있고” 또한 “많은 사람이 필수적이라고 느끼는” 조치, 더러는 이미 “시행되기도 한 조치들을 지칭하는 명칭”

으로서의 공산주의다. 그의 표현을 빌리자면, "장밋빛 미래를 밝혀줄 비전이 아니라 재난 자본주의의 해독제로 쓰일 '재난 공산주의' 전망"에 가깝다. 마스크, 진단키트, 산소호흡기 같은 의료장비부터 곡물 생산과 실업 등 생명과 생존에 관련된 물품의 생산과 공급을 시장 메커니즘에 의탁하지 않고 국가가 적극적으로 개입하여 조절하고 관리하는 시스템이다.

이 책은 코로나19 이후 인류가 맞게 될 상시적 바이러스 사회에서 국가의 공적 기능이 커지고 우리의 생명과 생존이 함께 추구될 수 있는 평등한 공동체를 그리는 일에 많은 논의가 할애되어 있다. 지젝은 방역과 경제가 공존하는 이 사회를 거침없이 공산주의라 명명하고, 이를 현재 중국의 '국가자본주의적' 사회주의 체제나 미국의 신자유주의적 자본주의 시스템과 확연히 구분한다. 이 새로운 공산주의는 한 국가의 정치 시스템이 아니라 전 지구적 협력으로 탄생할 초국가적 지구정치의 모델이다. 지젝 말대로 바이러스가 인류에게 이러한 정치적 혁명의 계기를 마련해줄지 아니면 차별과 배제가 교묘하게 강화된 새로운 야만의 시대로 회귀할지는 정말로 우리의 손에 달려 있다.

바이러스로 어지러운 시국에 방역에 성공한 대만에서 홀로 안전한 시간을 보내는 빚을 이 책을 번역하여 조금 덜 수 있으면 싶었다. 지젝은 한국어판 서문을 흔쾌히 써주었고 책에 담지 못한 글 몇 편을 더 보내주었다. 이 책에 덧붙일 수 있게 되어 기쁘다. 시의성 있는 책을 고르고 번역을 믿고 맡겨준 출판사와 까다로운 지적과 잔소리를 넉넉히 받아준 편집부에 고마운 마음을 표한다. 멀리서 늘 힘이 되는 가족들에게는 이 책이 조그만 위로가 되었으면 좋겠다. 저녁 무렵 오르던 푸조우산의 아름다운 밤 풍경이 책 여기저기 새겨져 있어 좋다.

타이베이에서

강우성

슬라보예 지젝(Slavoj Žižek, 1949~)

우리 시대 가장 논쟁적인 현대철학자이자 가장 중요한 사상가로 꼽히는 인물. 슬로베니아 류블랴나에서 태어나 류블랴나대학교에서 철학 박사학위를, 파리8대학교에서 정신분석학 박사학위를 받았다. 컬럼비아대학교, 프린스턴대학교, 파리8대학교, 런던대학교 등에서 강의와 연구를 진행했다. 현재 슬로베니아 류블랴나대학교 사회학연구소에서 선임연구원으로 재직하고 있다.

그는 급진적 정치이론, 정신분석학, 현대철학 분야에서의 독창적인 통찰을 바탕으로 인문학, 사회과학, 예술, 대중문화를 자유롭게 넘나들며 전방위적 사유를 전개하는 독보적인 철학자다. 스스로 '정통 라캉주의적 스탈린주의자', '마르크스주의자' 등으로 부르며, '저항'과 '혁명', '공산주의' 논의에 끊임없이 불을 지피고 있다.

『이데올로기의 숭고한 대상』, 『신을 불쾌하게 만드는 생각들』, 『새로운 계급투쟁』, 『실재의 사막에 오신 것을 환영합니다』, 『까다로운 주체』, 『폭력이란 무엇인가』, 『처음에는 비극으로, 다음에는 희극으로』, 『매트릭스로 철학하기』(공저) 등 다수의 저작을 펴냈다. 실천하는 이론가로서 지금도 활발히 집필을 하고 있으며, 신종 코로나바이러스 감염병을 둘러싼 정세를 분석한 이 책 『팬데믹 패닉』도 그런 활동의 결실이다.

이 책에는 슬라보예 지젝이 한국 독자들에게 전하는 특별 기고문 세 편 「지금의 현실은 무슨 영화일까?」, 「우리는 무엇을 모르고, 무엇을 알고 싶지 않으며, 무엇을 할 수 있나?」, 「바이러스 세상에서 맞는 노동절」이 단독으로 수록되었다.

옮긴이 강우성

서울대학교 영어영문학과 교수. 미국 뉴욕 주립대학교에서 미국문학과 해체론 연구로 박사학위를 받았다. 미국문학, 비평이론, 비교문학, 영화를 연구하고 가르친다. 비평이론의 정치성과 주체의 문제에 깊은 관심이 있다. 저서로는 『불안은 우리를 삶으로 이끈다』, 『미술은 철학의 눈이다』(공저)가 있다. 『어리석음』, 『이론 이후 삶』(공역)을 우리말로 옮겼으며, 「해체론과 문학의 문제」, 「폭력과 법의 피안」, 「미지의 글쓰기」, 「잠재성의 심연」 등의 논문을 썼다.

팬데믹 패닉

1판 1쇄 2020년 7월 1일
1판 4쇄 2021년 8월 27일

지은이 슬라보예 지젝
옮긴이 강우성
펴낸이 김정순
편집 허정은 조장현 장준오 허영수
디자인 김진영
마케팅 이보민 양혜림 이다영

펴낸곳 (주)북하우스 퍼블리셔스
출판등록 1997년 9월 23일 제406-2003-055호
주소 04043 서울시 마포구 양화로 12길 16-9(서교동 북앤빌딩)
전자우편 editor@bookhouse.co.kr
홈페이지 www.bookhouse.co.kr
전화번호 02-3144-3123
팩스 02-3144-3121

ISBN 979-11-6405-068-0 03330